文县非遗

何谓白马

曹忠文　班保林　著

中国文史出版社

图书在版编目（CIP）数据

文县非遗：何谓白马 / 曹忠文，班保林著 .

北京 ： 中国文史出版社，2024. 12. -- ISBN 978-7
-5205-5065-9

Ⅰ . G127.424

中国国家版本馆 CIP 数据核字第 2024T8F775 号

责任编辑：戴小璇
封面设计：石生智

出版发行：中国文史出版社

社　　址：北京市海淀区西八里庄 69 号院　邮编：100142
电　　话：010-81136606　81136602　81136603（发行部）
传　　真：010-81136655
制　　版：陇南文博数码彩印有限责任公司
印　　刷：兰州银声印务有限公司
经　　销：全国新华书店
开　　本：787×1092 毫米　　1/16
印　　张：16.5
字　　数：214 千字
版　　次：2024 年 12 月第 1 版
印　　次：2024 年 12 月第 1 次印刷
定　　价：188.00 元

文县文化旅游丛书编委会

主　编

龚海文

副主编

孙会星　庞继平　雷江升

编　委

杨爱瑜　刘进平　杜祉兰　季德昌

　　古人云"不积跬步，无以至千里；不积小流，无以成江海"，正因为我国有 56 个民族、14 亿人口，才有了博大精深、丰富多彩的文化，才让中国文化屹立于世界之巅，成为世界上唯一一个不间断且最优秀的文化。不同的民族有不同的文化，即使是同一民族，也会因为生活空间不同创造出不同的文化。这些文化虽小却也光彩夺目，焕发着诱人的魅力，白马文化就是这样一个小而光彩照人的文化。

　　在甘川交界、藏彝走廊东部的边缘地带，即甘肃文县和四川平武、九寨沟县，生活着一支古老的部族，他们自称"达嘎贝"，意为"白马人"，是古代白马氏的后裔，他们创造的文化被称作白马文化。1950 年初，在民族识别时白马人虽然被划入藏族，但白马文化与藏族文化大不相同，表现出了另一种风采。

　　白马人有自己的民族语言却没有文字，白马语属汉藏语系藏缅语族藏语支，但白马语和藏语之间的联系已大大超出了藏语内部各种方言之间的差别。白马人不分男女都喜欢戴沙嘎帽，沙嘎帽用白羊毛毡做成，形状如带花边的浅底圆盘，帽檐为波浪状，帽顶的一侧插有 1 ~ 3 根洁白的雄鸡翎，既美观又有寓意。白马男子穿过膝偏襟长袍，腰系一根宽大的羊毛腰带，膝下扎麻布绑腿，脚穿羊毛番靴，衣领、袖口和袍边镶有"卍不断"的彩色条饰，衣领宽大，内可装物。白马女子服装华丽多彩，多用五颜六色的布块镶拼成百褶对襟长袖连衣裙，袖口镶有五色相间的布条，背部为"米"字交叉或带圆圈的"米"字花纹，裙褶为 24 褶，象征着 24 个节气。腰部以下做成折叠梭边，裙子底边缝有彩色布条。上身套花坎肩，胸部佩带三至五块鱼骨牌，腰系黑色围裙，扎彩色腰带，脚穿绣花尖鞋。

白马人特别喜欢唱歌，过节时唱，喝酒时唱，劳动时唱；高兴时唱，伤心时也唱，歌声粗犷豪放、古朴原始，有酒歌、劳动歌、生活歌、风俗歌、情歌之分，其数量之多以酒歌为最，远自白马人的历史、白马祖先的丰功伟绩，再到五谷丰登、男欢女爱、亲人团聚都可入歌，可谓是无事不入歌、无情不入歌。白马人最具代表性的舞蹈是池哥昼，最喜欢的舞蹈是火圈舞，另有麻昼、甘昼等，形式古朴而独特，尤其在春节期间，所有白马山寨都载歌载舞，热闹非凡，真是歌舞不断人不休。白马人有多种民俗活动，如婚俗、祈雨、烤街火长节、麻够池、庙会、旧寨跑马、新寨暖花、中寨门灯、抹锅墨、拜水节、攒老爷等；有独特的饮食，如十大碗、酸菜面片、黄豆面条、腊肉饭、火烧馍、面疙瘩、洋芋糍粑、猪血馍、手抓骨头肉、蜂汤酒、咂杆子酒等，真是众彩纷呈，样式俱全。

白马文化不仅形式多样而且历史悠久、内涵丰富，形成了鲜明的文化形态，成为文县最亮丽的一道风景，也是文县对外宣传的文化名片。

文县有一支非常优秀的非遗工作团队，他们长期从事非遗工作，充分认识到了白马文化的重要价值，于是利用工作之便，各尽其能，访老人、做笔记、拍照片、悟道理，用双脚丈量每一个白马山寨，用文字和图片记录白马文化的前生今世，用心体悟白马先民的精神和智慧，终于完成了对白马文化的诠释，编撰成《何谓白马》一书。该书由"今月曾经照古人""乡傩虽陋亦争看""忽闻岸上踏歌声""此曲只应天上有""一夜征人尽望乡""漂泊西南天地间""人间有味是清欢"七个篇章组成，并配以数十张精美图片，不仅具体细致地阐释了什么是白马文化，也为其他学者研究白马文化提供了弥足珍贵的资料，同时也是文县对外宣传、彰显白马文化的重要窗口。文县也有一个重视白马文化研究的文旅领导班子，他们的鼓励和支持是非遗工作团队最坚强的后盾，也是《何谓白马》一书得以付梓问世的重要原因之一。

有一个优秀的非遗工作团队、一个有担当的领导班子，是文县白马文化之幸，也是文县非遗之幸，更是文县之幸！

兰州文理学院教授：徐　凤

2024 年 11 月 18 日

　　每一段历史，都有它独特的故事；每一种文化，都蕴藏着生命的温度。文县，这片土地上流淌着古老而丰沛的文化血脉，它的山川、河流、田野、村庄，无不浸润着先人的智慧与记忆。从远古的阴平故国到如今的白马山寨，文县的非物质文化遗产如同一条看不见的脉络，将过去与现在紧密相连。这些文化就像散落在时光中的灯塔，虽不起眼，却指引着我们在现代社会中，依旧能够追寻和铭记那片悠远的根。

　　本书的编撰，正是为了让更多的人走进这片文化的沃土，去倾听那些曾经回荡在山谷中的歌声，去感受先民们在每一个节庆仪式上的欢快与虔诚。从池哥昼的面具背后，到麻昼的祭祀舞步，从文县山歌的深情悠扬到中寨龙舞的热烈起伏，书中的每一章都是一次文化与历史的生动展现。在这些篇章里，我们仿佛能看到那些历经沧桑的面庞，听见那穿越百年的脚步声。这些文化不仅属于过去，它们的生命依然鲜活，也属于今天每一个心怀敬畏之心的人。

　　作为文化的守护者，我们深知，这些非物质文化遗产的背后，凝聚着无数代人的心血与智慧。它们不仅是技艺的传承，更是一代代人对家园的热爱与信仰的延续。因此，非遗的保护不只是怀念过去，更是一份责任，是对未来的承诺。无论是哑杆子酒的淳厚滋味，还是玉垒花灯戏的轻盈舞姿，都承载着最为质朴的生活情感，映射出文化工作者内心深处的那份深情。

在这本书的每一个字句背后，我相信，编者不仅希望展示文县丰富的非物质文化遗产，还期望激发起读者对这些文化根脉的敬重与守护之心。曾经在乡野里安静流传的传统，如今更需要我们每一个人的呵护，才能让它们在现代社会中继续发光发热。愿这本地方非遗工具书成为一座桥梁，连接过去与未来，也带领我们在文县的这片土地上，继续追寻那些古老而美丽的文化足迹，守护这些珍贵的遗产，让它们在时间的长河中流传不息。

吴倩颖

西南民族大学·民族学博士研究生

2024 年 10 月于成都

CONTENTS

目

录

第二篇

乡傩虽陋亦争看

第三篇

忽闻岸上踏歌声

第四篇

此曲只应天上有

第五篇

一夜征人尽望乡

第六篇

漂泊西南天地间

第七篇

人间有味是清欢

目录

今月曾经照古人

第一篇

氐族是中国历史上一个不容忽视的民族，其势力在魏晋南北朝时期达到鼎盛，之后却迅速衰落，如夜空暗淡的星光，显得扑朔迷离，莫衷一是。

《史记·西南夷列传》云："自冉駹以东北，君长以什数，白马最大，皆氐类也。"西汉初年，白马氐逐渐强盛起来。元鼎六年（前111），汉武帝开拓西南境，遣中郎将郭昌等攻灭氐王，开始在氐族聚居之地设置郡县（道）。《汉书·地理志》记载，共设置有三郡十三道，即武都郡之武都道、上禄道、故道、河池道、平乐道、沮道、嘉陵道、循成道、下辨道，广汉郡之甸氐道、刚氐道、阴平道，蜀郡之湔氐道。

东汉末年，诸侯割据，战乱不断，氐族部落大帅杨腾、杨驹率领部族回到祖居之地仇池山（今甘肃西和县境内）。魏封杨驹之孙杨千万为百顷王。这段时期，氐族部落形成四大军事集团，其中仇池氐王杨千万、兴国（今天水秦安县）氐王阿贵，各拥氐众万余落；下辨（今甘肃成县境内）氐王雷定等七部，拥氐众万余落；河池（今甘肃徽县境内）氐王窦茂，拥氐众万人余，皆独立自雄。

　　氐族杨氏于南北朝时期，在今甘肃东南部、陕西南部、四川北部相交的地区，先后建立了五个系脉相承的地方割据政权，即前仇池国、后仇池国、武都国、武兴国和阴平国。

　　武都国和阴平国初期的政治活动中心均在葭芦，即今甘肃文县临江镇，是由陇入蜀的重要隘口。葭芦与今文县桥头镇百顷山毗邻（仇池山又名百顷山）。国学大师钱穆指出，古人有一习俗，就是先民走到哪定居之后，就以旧地名来命名新地方的山、水。文县桥头百顷山的地名就是由此而来。后仇池灭亡后，阴平（今甘肃文县）成为氐族的主要聚居区之一。

阴平故国

A1. 武都国

宋元嘉十九年（442），北魏打败宋氏联军吞并后仇池国。宋元嘉二十年（443）三月，刘宋部将苻达、任朏等率军北上与北魏争夺陇右，击败拓跋齐，据有白崖（今陕西勉县西北），初步保障了陕南的安全。在刘宋攻占白崖的同时，北魏统治下的陇南氐民，由于不堪酷吏的暴政纷纷反抗，而流亡在白崖一带的原仇池国氐民则力争恢复本民族的自治权益。在此形势之下，刘宋集团采取了名与他人实则为己的方针，决定扶持氐人建立政权，旨在使彼为己卖命效力。于是苻达、任朏等顺乎氐人意愿，拥立后仇池国主杨难当的侄儿杨文德为首领，武都国应运而生。

宋元嘉二十三年（446）三月，金城（今甘肃兰州）人边冏、天水（今甘肃天水）人梁会为首在上邽（今甘肃天水）发动民族起义。宋元嘉二十四年（447），杨文德借民族起义的大好形势，率军二千北进，占据葭芦城招诱氐羌，武都、阴平五部氐民叛应文德，宋元嘉二十五年（448）正月，皮豹子率军出击，杨文德阻兵固险拒抗魏军。不料文德部将杨高临阵叛变，引魏军于葭芦城，杨文德只好弃城南走奔于汉中，葭芦复归北魏。

宋元嘉二十七年（450）七月，刘宋大举北伐，再度起用杨文德为辅国将军。文德率军自汉中西入，杀死降将杨高，出师告捷，阴平、平武诸地重新划入武都国的版图。旋即乘胜前进，攻打居于今甘肃文县的啖提氏。不克，被刘宋梁州刺史刘秀之解送到茂州刘义宣处。与此同时杨文德的从祖兄杨头进驻葭芦城，代行政事。宋孝建元年（454）二月，荆州刺史刘义宣背叛刘宋，杨文德不从被杀。

杨文德卒后，文德从弟杨元和为征虏将军镇守白水（今四川青川县白水），杨头为辅国将军镇守葭芦，国家政权出现分裂。三年后（466）杨元和献城叛宋投归北魏，于是文德从弟杨僧嗣自立为主"还戍茄芦"，宋明帝闻讯即于当年七月封杨僧嗣为北秦州刺史，武都王。宋苍梧王元徽元年（473）十月，杨僧嗣卒于茄芦。从弟杨文度自立为武兴王，遣使归顺北魏，魏以文度为武兴镇将。不久文度又叛魏投宋，刘宋封其为龙骧将军、略阳太守、武都王。杨文度受封后坐镇葭芦、派其弟杨文弘驻守武兴（今陕西略阳县），亲自与仇池氐民联合起来进攻仇池，逼进骆谷（今甘肃西和县南），但最终以失利告终，杨文度被迫退军回师葭芦。

宋元徽四年（476），杨文度派其弟文弘兵向仇池。第二年十月，杨文弘一举攻陷仇池，终于如愿以偿。这是武都国自创革以来第一次打回自己的老家，同时也是最后一次踏上故土。仇池的失落使北魏集团大为震惊，急诏征西将军、广州公皮欢喜（《魏传》本传作皮喜）、征西将军梁丑奴、平西将军杨灵珍等率军四万南下讨杨文弘。未及仇池，杨文弘便弃城先走，魏军轻取仇池，乘胜进军浊水（今甘肃成县西南）。同时，投靠于北魏的氐将杨灵珍击败武都国仇池太守杨真。魏军连得二地，进驻覆津（今甘肃武都区桔柑）。杨文度派强大黑固守"悬崖险绝，偏阁单行"的津道以御魏军。皮欢喜率军攀崖涉水，终于击败了强大黑。宋升明元年（477）十二月又破葭芦城，斩杀杨文度，武都国至此灭亡。[1]

A2. 阴平国

杨广香为杨难当族弟，杨文度族叔，受族人排挤，逃到北魏。因跟随皮欢喜攻杀杨文度有功，升明元年（477），北魏封其为阴平公、葭芦镇主，始建阴平国。

太和二年（478），顺帝刘准遣将进攻仇池，被杨广香击退。建元元年（479），杨广香向齐请降，授沙州刺史。适逢梁州刺史范伯年被齐处死，部将李乌奴叛齐，归附武兴国主杨文弘，攻梁州，为刺史王玄邈所破，复走还氏中，据关城（今陕西阳平关）。荆州刺史豫章王萧嶷，遣兵讨乌奴。杨广香率兵和齐军会与晋寿（今四川广元利州区），攻击李乌奴并取得决定性胜利，杨广香遂由葭芦迁治于沙州（今四川青川县沙州）。建元二年（480），齐封杨广香为西秦州刺史，又以其子杨炅为武都太守。杨广香靠残杀同族立国，反内为仇，执政基础并不牢固，应该是采取高压手段来维护其统治。公元482年，杨广香病死，其部众作鸟兽散，纷纷投靠旧主杨文弘及梁州刺史崔慧景。

面对残破不堪的政治局面，杨炅为图自保，沿用灵活的外交政策，利用南北双方均想拉拢其充当先锋的意图，既结好于齐，又称臣于北魏，不断在夹缝中求生存，谋发展。永明元年（483）春二月，齐授杨炅为沙州刺史，封阴平王，杨炅正式继位为阴平国主。永明九年（491），齐授杨炅为前将军。隆昌元年（494），齐授杨炅为使持节、都督沙州诸军事、平西将军、平羌校尉、沙州刺史。建武二年（495），齐又加授杨炅安西将军称号。杨炅在短短十多年的时间，就恢复了国力，甚至比杨广香时期更加强盛，可见其雄才大略。太和十八年（494）秋九月，杨炅亲自赴北魏都城洛阳朝贡。建武二年（495）十二月，杨炅卒。

建武三年（496），齐授杨炅子杨崇祖为沙州刺史，封阴平王。杨崇祖生卒年不详。杨崇祖死后，子杨孟孙自立为阴平王，与齐、梁通好。天监元年（502），梁授杨孟孙为假节督沙州刺史，封阴平王。由于杨崇祖、杨孟孙倾向于齐、梁，无疑给北魏造成边患。鉴于杨孟孙通好于齐朝萧衍，北魏以裴宣为征虏将军、益州刺史，并说服杨孟孙与魏通和。杨孟孙时期拥户数万，人口应该在十万人左右。人口的增加，环境的安定，促进了经济发展，以及人民生活水平的提高。公元511年，杨孟孙卒。

杨孟孙死后，杨定自立为阴平王，改变了过去灵活的外交政策，叛梁而事魏。熙平元年（516），杨定遣使朝魏。天监十七年（518），魏封杨定为阴平王，阴平国土纳入北魏东益州，致使内部矛盾激增，发生叛乱，大权逐渐旁落于杨大赤之手。公元518年，梁萧衍遣信武将军、衡州刺史张济攻占晋寿、葭萌（今四川广元昭化）、小剑等城；遣信义将军、都统白水诸军事杨兴起，征虏将军李光宗袭白水旧城。北魏遣傅竖眼帮助杨定夺回白水、阴平（今四川江油小溪坝）等失地。杨定为阴平国主时期，北魏内部民族矛盾、阶级矛盾十分尖锐，农民起义频发。梁普通六年（公元525年）二月，关陇农民起义首领莫折念生遣都督杨鲊等攻仇池郡。大约在这一年，杨定在内外交困中死去。

杨定死后，国中无主。孝昌中（525—527），氐王杨法琛自称后仇池国主杨盛之后，以此笼络人心，率众降北魏，并从阴平（今四川江油小溪坝）迁于平兴（今四川青川白水），据为阴平国主。大同元年（535）十一月，梁授雄勇将军、北益州刺史、阴平王杨法琛为平北将军，十二月又授骠骑将军称号。杨法琛为阴平国主期间，励精图治，政治清明，注重民生，人民安居乐业，与梁朝的腐朽统治形成鲜明对比。大宝元年（550）九月，黎州（今四川广元）民众赶走刺史张贲，拥护杨法琛为黎州刺史，遂迁治于黎州。杨法琛据黎州，引起梁朝不满，梁武陵王萧纪扣押了杨法琛在梁朝作为人质的两个儿子，这直接导致杨法琛彻底投靠西魏。大宝元年（550）十二月，梁武陵工萧纪遣潼州刺史杨乾运、南梁州刺史谯淹率兵两万讨伐杨法琛，杨法琛发兵于剑阁拒敌。第二年（551）春正月，杨乾运攻下剑阁，二月攻占平兴，焚毁后退军而去。杨法琛先退保石门，后退守鱼石洞（今四川昭化西北）。

废帝元年（552），西魏正式授杨法琛为黎州刺史。废帝二年（553），西魏遣尉迟迥伐蜀，杨法琛率军跟随。废帝二年，杨法琛平蜀后回到国内，为了加强内部统治，与氐人首领杨崇集、杨陈俫相互攻伐。西魏赵昶遣使调解，并实行分治。阴平国瓦解，至此灭亡，杨法琛郁郁不知所终。

北周时期，在今川北、陇南地区，氐族势力仍十分强大。北周静帝大象二年（580），益州总管王谦反周，沙氏上柱国杨永安响应。《周书》载："十一月甲辰，达奚儒破杨永安于沙州，沙州平。"故部分学者将公元580年确定为阴平国的灭亡时间。

割据和分裂只会造成冲突和流血，走向统一才是历史必然的归宿。阴平国存在70多年后，在华夏政权重归一统之际，完成了偏安一方的历史宿命。

今月曾经照古人

B

白马氐地

B1. 阴平道

西汉武帝置十三道（县有蛮夷曰道）之一，隶益州广汉郡。东汉初如故，安帝永初年间，分北部为广汉属国（当时在内附的少数民族地区设置的郡一级行政建制），治阴平，隶益州。三国时，魏置阴平郡，蜀汉建兴七年（229），诸葛亮遣陈式克定武都、阴平二郡，属梁州。西晋，为郡，治如故，隶秦州。晋永嘉乱后，其境为氐人杨茂搜所据。

B2. 葭芦

三国蜀将姜维置，即"葭芦置戍"，与邓艾相持于此，并有"葭芦置悬鼓，以警晨昏"的记述。南北朝时期，葭芦城可以说是阴平的第一名城，为氐族杨氏所建武都国、阴平国的政治中心。北周明帝二年（558），以葭芦郡置文州。葭芦，自古即为陇蜀通道的重要驿站，又有临江关，地隘险要，有"洮蜀咽喉"之称。

B3. 五部城

按《水经注》洋汤水"东南经北部城北，又东南经五部城南，东合羌水"的记载，五部城在今甘肃文县尖山乡境内。《阶州直隶州续志》记载：三国蜀将姜维曾"剿五部氐"。《魏书·皮豹子传》记载："刘义隆以（杨）文德为武都王，给兵二千人守葭芦城，招诱氐羌，于是武都、阴平五部氐民叛应文德。"由此,我们可以推想,五部氐在那个时代,当属阴平氐中较为强盛的一支种落,五部城当为阴平五部氐名酋所屯戍的城池。

B4. 南五部　北五部

南五部,北魏太和四年(480)置郡,故城在莨芦。北五部(北部县),北魏太和四年置,属武阶郡,治所在今甘肃文县桥头镇桥头坝。

B5. 白马峪

据清光绪二年长赟《文县志》记载:"白马峪,在县西南五十里,古白马氐地",地处白马河(旧称白马水)流域,明清时为文县番民世居之地。《皇清职贡图·卷五》和清康熙四十一年江景瑞《文县志》、清光绪二年长赟《文县志》记载,男性番民"戴毡笠如庵,以鸡翎插之";女性"不梳髻,惟结辫,以珊瑚玛瑙珍络之"。"衣服五色,不穿中衣","其妇女绩羊毛为褐衫,镶边大领,束以带,宽约八寸"。"不著鞋袜,赤足可行千里"。"性愚蠢,颇勤耕织。"男"每农事毕,常挟弓矢以射猎为事"。"性复嗜酒,喜歌,侑客觞,不饮,即跪唱番曲,必饮而后止。"恪守"不落夫家"或"坐家"的结婚习俗,"婚礼纳彩,不用簪、镮、帕、冠等物,于归后一日即归娘家。二、三年,始听本夫用钱布赎回"。"丧礼不知成服,惟聚薪焚之……谓之火葬"。

明清时期,文县番民在县内分布广泛,几乎涵盖了碧口地区之外的所有区域。其中让水河上游(今甘肃文县刘家坪乡)的深沟余姓、姬姓,丹堡河流域(今甘肃文县丹堡镇)的杨姓、王姓,白马河流域(今甘肃文县城关镇、铁楼乡)的六十肖家、四山(入贡山、麦贡山、立志山、中岭山)班家,以及草河坝村的曹姓、旧寨雷姓、新寨苟姓,岷堡沟(今甘肃文县石鸡坝镇薛堡村)的薛姓、杨姓、金姓家族势力较大。过去,当地汉民一直称文县番民为"白马爷",因音相近,系"白马夷"口误。

史料考据

　　为了更好地了解文县的这段历史，期待有更加深入的阅读体验，特收录当地学者李世仁《唐代吐蕃入扶、文与掠扶、文之辨析》《关于葭芦镇的历史梳理》《文县历史上县级政权设置概述》，罗愚频《因水证地　按图索骥——从〈水经注〉探索汉魏之际文县的县治郡治及城池地望》《〈秦蜀交界〉摩崖石刻探微》等考证之说，以飨读者。

李世仁 | 唐代吐蕃入扶、文与掠扶、文之辨析

　　自古文县都是白马氐部落的生活中心，所以汉代按"县有蛮夷曰道"之规制，这里的县级政权叫"阴平道"。东晋、十六国以至南北朝，是氐民族最为活跃的时期。历史是诡谲的，随着氐人政权"阴平国"的灭亡，大汉族重新掌握国家政权后，氐

李世仁，甘肃文县人，有作品在《飞天》《中国散文家》《绿色时报》《西北军事文学》《甘肃日报》发表，结集出版散文集五部。

人开始走下坡路，随之史载渐少。纵观史籍，氐人虽然默默无闻，但是他们仍然顽强地生存在原有土地上。比如唐代宗大历十四年（779），吐蕃入侵扶、文的队伍中就有氐人参与。不难看出氐人那时虽在夹缝中生活，但人口数量还是不可小觑。

二十世纪七十年代末以来，学者们把目光投向摩天岭山脉中生活的自称为白马人的人群，根据其生存的地理环境、历史演变、生产方式、生活习俗、宗教信仰的探索，多数学者认为，川甘两省摩天岭地区生活的白马藏族是历史上白马氐人残存的一支。也有少数学者认为是唐蕃战争中唐蕃边境未返回原籍的达布和工布吐蕃后裔。随着研究的深入，白马人是氐人后裔的意见已基本趋于一致，但对大历十四年吐蕃入扶、文或掠扶、文，占领过或没有占领过的史实很少有人涉及，只是一笔带过——"没有占领过"，其脉络并不清晰，没有说服力。我认为有必要梳理一下古籍之记载，对这段历史有一个较为系统的说辞。

吐蕃入扶、文，掠扶、文的历史记载

唐《元和郡县图志》记载："大历十四年（779），西戎犯边，刺史拔城南走。建中三年（782），以旧城在平地，窄小难守，遂移于故城东四里高原上，即今州理是也。"

《旧唐书》对大历十四年前后的记载："十一年正月，剑南节度使崔宁大破吐蕃故洪等四节度兼突厥、吐浑、氐、蛮、羌、党项等二十余万众，斩首万余级，生擒蠲城兵马使一千三百五十人，献于阙下，牛羊及军资器械，不可胜纪。十二年九月，入寇坊州，掠党项羊马而去。十月，崔宁破吐蕃望汉城。十四年八月，命太常少卿韦伦持节使吐蕃，统蕃俘五百人归之。十月，吐蕃率南蛮众二十万来寇：一入茂州，过汶川及灌口；一入扶、文，过方维、白壩；一自黎、雅过邛崃关，连陷郡邑。乃发禁兵四千人及幽州兵五千人同讨，大破之。"

"建中元年四月，魏伦至。自大历中聘使前后数辈，皆留之不遣，

俘获其人，必遣中官部统徙江、岭，因缘求财及给养之费，不胜其弊。去年冬，吐蕃大兴师以三道来侵，会德宗初即位，以德绥四方，徵其俘囚五百余人，各给衣一袭，使伦统还其国，与之约和，敕边将无得侵伐。吐蕃始闻归其人，不之信，及蕃俘入境，部落皆畏威怀惠。其赞普乞立赞谓伦曰：‘不知是来也，而有三恨，奈何？’伦曰：‘未达所谓。’乞立赞曰：‘不知大国之丧，而吊不及丧，一也。不知山陵之期。而赗不成礼，二也。不知皇帝舅圣明继立，已发众军三道连衡。今灵武之师，闻命辄已；而山南之师已入扶、文，蜀师已趋灌口，追且不及，是三恨也。’乃发使奉赞，不二旬而复命。蜀师上所获戎俘，有司请准旧事颁为徒隶，上曰：‘要约著矣，言庸二乎！’乃各给缣二匹、衣一袭而归之。”

《新唐书》说：“十三年，虏大酋马重英以四万骑寇灵州，塞汉、御史、尚书三渠以扰屯田，为朔方留后常谦光所逐，重英残盐、庆而去。乃南合南诏众二十万攻茂州、掠略扶、文，遂侵黎、雅。时天子已发幽州兵驰拒，虏大奔破。”

《资治通鉴》记载：唐代宗大历十四年（779），“冬，十月，丁酉朔，吐蕃与南诏合兵十万，三道入寇，一出茂州，一出扶、文，一出黎、雅，曰：‘吾欲取蜀以为东府’……

上发禁兵四千人，使（李）晟将之，发邠、陇、范阳兵五千，使金吾大将军安邑曲环将之，以救蜀。东川出兵，自江油趋白坝，与山南兵合击吐蕃、南诏，破之。范阳兵追及七盘，又破之，遂克维、茂二州。李晟追击于大渡河外，又破之。吐蕃、南诏饥寒陨于崖谷死者八九万人”。

胡三省在通鉴唐纪宣宗大中三年注中说：“广德以来，西羌内侵，山南巡内，阶成陷没，文州移治，剑南西山诸州溢多有没于吐蕃者。”

《方舆胜览》卷七十，文州：“故地在直西五里平地，唐吐蕃之难，徙兹高阜，号曰文台。”

被学界盛赞的清初顾祖禹《读史方舆纪要》卷六中也说道："自肃宗以来，大盗内讧，夷蛮外扰，郊圻之内，衅孽屡作……二年……自是邠、原、岐、陇、皆成边镇，而山南、剑南诸边州亦往往没于吐蕃，谓阶、成、松、维、保诸州也。"

所引史书的成书年代：《元和郡县志》成书于唐宪宗元和年间（806—820）；《旧唐书》成书于后晋开运二年（945）；《新唐书》成书于宋仁宗嘉佑五年（1060）；《资治通鉴》成书于北宋神宗大安元年（1085）；《方舆胜览》成书于南宋理宗嘉熙三年（1239）；《读史方舆纪要》成书于康熙十八年（1679），实际上直到作者去世前（1692）都在增补中。

在史书中文州周边均没于吐蕃，唯文州例外。扶州：扶州乾元后（758—760）没于吐蕃，大中三年（849）由郑涯收复；阶州：武都郡，下。本武州，因没吐蕃，废。大历二年（767）复置为行州，咸通中（860—874）始得故地；在龙州下也只是记述了行政区划变动情况，没有提到曾被占领过。

吐蕃入扶、文前后唐蕃双方简况

大历十四年（779）五月，唐代宗李豫驾崩，德宗李适继位。在蜀地恃险称强、骄奢淫逸的剑南西川节度使崔宁被征召入朝，加司空、平章事、兼山陵使。同年，南诏阁罗凤卒，其子风伽异早死，其孙异牟寻立。"异牟寻有智数，善抚众，略知书。"十月，南诏联合吐蕃，计二十万，分三路入侵剑南。南诏、吐蕃联军一路出茂州，一路出扶、文，一路出黎、雅，攻打邛崃关。异牟寻其势汹汹，声称："为我取蜀为东府。"

这时崔宁已入京师，所留诸将抵挡不了吐蕃、南诏大军，联军连陷州县，刺史弃城走，士民窜匿山谷。皇上很担忧，催促崔宁回西川抵御吐蕃联军，但宰相杨炎则认为，蜀地富饶，崔宁本来就难以节制，在川十四年来，朝廷失其外府，贡赋不入，与没有蜀地一样，现在崔宁虽然调离西川，但他的部下还在那里，况且，崔宁本来就和诸将与夷人区别不大，因乱得位，威令不行。今再派去，必无功，是徒遣也；若有功，义不可夺。则西川之奥，败固失之，胜亦非国家所有。德宗问杨炎："那咋办？"杨炎说："将崔宁仍留朝廷，发朱泚所领范阳兵数千人，杂禁兵往击之，何忧不克？"德宗采纳了杨炎的建议，命将军李晟率领四千禁卫兵，又命诏金吾大将军安邑曲环，率邠、陇、范阳等地的精兵五千，赶赴剑南救援。剑南东川与山南也出兵与之配合，共同迎击吐蕃、南诏。李晟率军攻取了飞越、廓清、肃宁三城，又南下大渡河，斩首六千余级，南诏大败。接着安邑曲环挥兵收回七盘城、威武军、维、茂等州，吐蕃溃退。南诏、吐蕃军饥寒陨于崖谷死者八九万人。

异牟寻退守羊苴城（今云南省大理市）。吐蕃为了安抚刚刚即位就在军事上遭到挫败的异牟寻，封他为"日东王"。

自唐与吐蕃清水会盟之前，唐蕃之间处于较长时期的和战不定的局势。唐朝在兵力上的弱点，以及诸藩镇拥兵自保，不听朝廷节制，导致吐蕃有机可乘，以与唐和盟掩盖其占地掠民的目的。779年八月，唐德宗即帝位三个月后，派太常少卿韦伦入吐蕃，送还战俘500余人。韦伦抵吐蕃时，赤松德赞已获悉剑南吐蕃南诏联军已战败，遂热情地接待了韦伦，并说："我乃有三恨，不知天子（代宗）丧，不及吊，一也；山陵不及赙，二也；不知舅（德宗）即位，而发兵攻灵州，入扶、文，侵灌口（都江堰市）三也。"赤松德赞复遣使随韦伦朝唐，德宗李适再一次派韦伦赴吐蕃送还在剑南战役中吐蕃被俘人员。赤松德赞见到韦伦重来蕃地，并再次送还战俘，"欢甚，授馆，作声乐，九日留"，又派其相论钦明思等50余人随韦伦朝唐，献方物。

唐建中二年（781），德宗派遣殿中少监崔汉衡、判官常鲁出使吐蕃。赤松德赞提出以灵州迤西的贺兰山划界，双方派员在边境会盟，并要求唐朝派佛教高僧入蕃讲经，德宗答允了吐蕃的会盟要求，并应吐蕃之请，派遣高僧良琇、文素去吐蕃，"一人行，二岁一更之"。经唐蕃双方约定，建中四年（783）正月在清水会盟。

德宗建中四年（783），唐与吐蕃在清水举行了隆重的会盟仪式，划定双方的边界，并规定："径州西至弹筝峡西口（今径河上源），陇州西至清水县（今甘肃清水县），凤州西至同谷县（今甘肃成县）……东为汉界。蒋国守镇在兰、渭、原（今宁夏固原）、会（今甘肃靖远县），西至临洮，又东至成州……为蕃界"，于是河西、陇右和关内道西部处于吐蕃的统治之下。

由于唐军坚决回击才有了783年的清水会盟。

建中四年（783）冬，径原节度使姚令言率兵在长安发动兵变，德宗依靠吐蕃的力量平定叛乱，吐蕃以平定叛乱有功而"未获赏"为由，于786年大举入境，盐州、夏州、灵州又为吐蕃所占。在唐军打击下，又有了787年的平凉会盟。长庆二年（822）唐蕃双方又在长安、拉萨举行会盟，恢复了友好关系。

据此，我们可以看出藩镇割据给唐朝带来的危害，吐蕃凭借唐王朝的内忧外患，打打和和，反复无常，使唐王朝国力渐衰，占领区和边境人民遭受的灾难更是罄竹难书。

掠扶、文与入扶文的探讨

《元和郡县图志》说："大历十四年（779），西戎犯边，刺史拔城南走。建中三年（782），以旧城在平地，窄小难守，遂移于故城东四里高原上，即今州理是也。"

《新唐书》说是"掠扶、文"。

《旧唐书》说三路人马，其路线是"一入茂州，过汶川及灌口，一入扶、文，过方维、白坝，一自黎、雅过邛崃关，连陷郡邑"。

《资治通鉴》说"三道入寇，一出茂州，一出扶、文，一出黎、雅"。

以上四种记载，其实只有三种说法，仍是"掠扶文"与"入扶文""一出扶、文"三说。掠扶文，虏掠，刺史已经向南逃走了，只剩下百姓和府库，侵略军目的不是占领文州城，而是借助阴平道南下入剑门关去占领成都作为东府，兵贵神速，时不我待，所以烧杀抢劫，一掠而过，向既定目标前进；原文"入扶文"之后紧接着是"过方维、白坝"。说明文州虏掠过后，沿白水江而下过玉垒关，再顺白龙江到方维。（根据著名历史学家严耕望先生研究，方维在碧口到姚家渡一带，谭其骧先生的《中国历史地图集》标在青川白水镇和碧口之间，白坝在今天青川县东部白龙江边的永红乡刘家场）《资治通鉴》说得更干脆："出扶、文"，行军速度更快，不难看出到了文州，经过一番洗劫，接着就走了，一路过了方维和白坝。

从《资治通鉴》所记"东川出兵，自江油趋白坝"，当时龙州都督驻地，就在今平武县南坝镇，那里是唐朝抗击吐蕃的最前沿，所以由东川驰援兵马到了江油结集，再逆涪江而上由平武白草进山达青川县青溪、乔庄，进入白龙江流域的白坝（这条道路也正好是青川白水镇去平武南坝镇的阴平古道）。白坝也恰是东川与山南军合击吐蕃军，蛮军败走的地方。

既然是一掠而过，进入了扶州、文州，过了方维白坝，而且到白坝之后就遭到了唐军的合击，说明中间，尤其是在文州没有过多停留。这是大历十四年（779）十月的事，到建中三年（782）州治已移治于故城东四里高原上了，接近三年时间。

吐蕃入扶、文的进军路线

自唐太宗贞观十二年（638）吐蕃举兵二十万东进松州（今松潘），此地便成了唐蕃前线。之后屯兵松州西境，寻进攻松州，被唐打败，自此交往不止，战火不熄。唐高宗仪凤二年（677）五月，吐蕃攻占扶州。

此时的扶州在今九寨沟县址。唐玄宗开元二年（714）唐与吐蕃"洮河会战"。天宝十四年（755）吐蕃夺取陇右、河西、西域四镇；763年7月尽取河西、陇右之地；同年十二月吐蕃占领剑南、西川诸州。扶州同昌郡乾元后（758—760）没于吐蕃。可以说吐蕃掠扶、文的一队人马是从松州出发的。

严耕望先生认为：在唐世阴平置文州、扶州，其至剑南，仍以白水河谷为主要通道。其行程由文州东南盖仍取古桥头，沿白水经方维镇（今天碧口至姚家渡地区），白坝镇（约古白水关，今白水镇的永红乡刘家场一带），至景谷县（今广元西北六十六里，昭化西北约百里，白水东岸）。县西南十八里有石门关，传为诸葛亮所开。又南接金牛驿道至剑阁。这也正好是吐蕃入扶文唐军追击的路线。

正当此时唐军派兵从江油（平武南坝）出发，合击吐蕃的地方也是白坝（东川出军自江油趣白坝），与山南兵合击，蛮兵败走。范阳军又击破于七盘，遂拔新城。

小结

无论怎么说，文州城遭到了吐蕃一路人马的洗劫，自然文州遭此灾难不是一次两次，比如汉安帝永初二年（108），羌反，烧郡城，郡人退居白水，十年后才把羌人打退，属国都尉治所才从绵阳移至阴平。

我们不谈扶州，因为此前扶州已被吐蕃占领，直到大中三年（849）由郑涯收复。

首先，对文州而言，遭受了吐蕃之劫，但未被占领，仅是一掠而过。因为，吐蕃的目标是占领成都。不料在白龙江边的白坝，被唐军合击，一路败走。由于没有中途停留，吐蕃军与原住氐民族不可能有交集，此后的地方志也未有吐蕃军遗留下的蛛丝马迹。

其次，大历十四年（779）十月吐蕃入文州，建中三年（782）文州治所从西园搬迁至东四里的高原上，近三年时间，也能印证吐蕃进

入文州，仅是一掠而过。

最后，既然没有被吐蕃占领过，何谈吐蕃后裔，或民族融化之可能。以此前历史看，文州氐人在魏晋南北朝时期便保持了独立状态，自有部落首领，从《水经注》："（白水）又东南经阴平故城南，即广汉之北部也，广汉蜀国都尉治……白水又东经阴平大城北，盖渠帅自故城徙居也。"我们有理由说，阴平为氐羌部落的中心。当然在南北朝混乱期，曾一度将县级建制及州治设立于高楼山以北，西园旧城本来便是氐羌首领的都城，隋恭帝义宁二年（618）复置阴平郡后，治地从桥头坝迁回曲水县（西园），且唐以后，亦无发生民族迁徙记录，到明清时，其后裔仍世居故地，所以不像有学者认为的是吐蕃军队之后，现在的白马人也极不认同这一说法。

李世仁 | 关于葭芦镇的历史梳理

葭芦，是今天的临江镇。

1997 年版的《文县志》采纳了尤明智先生的考证结果——葭芦即今天的临江。

临江有四洼文化安国类型遗址，距临江街一千米的临江坪上，南靠沟岭山，西接王家沟村，北面断崖下是 212 国道，离白龙江相对高度 40 米。遗址地形平缓，有房屋遗址，有灰坑，有夹砂褐陶出土，距今三千年左右，可谓久矣。

葭芦，在后世亦很有名，是重要关口。它是入秦、入陇、入蜀必由之路。一是由剑门关出川从昭化沿白龙江峡谷去陇右的重要通道；二是昭化西行必须经过这里去迭峰，或到狄道，或到迭部；三是由昭化去天水直至长安或洛阳；四是沿白龙江、白水江直至古扶州、松州，临江照样是非过不可的关口。

《读史方舆纪要》卷五十八："旧志云，在将利故城东南七十里。三国时，姜维与邓艾相持于此，置葭芦戍，亦名葭芦城。后为仇池所据。"同书卷五十九载武侯所说："全蜀之防，当在阴平。"葭芦为阴平第一门户，可见其重要程度。所以蜀汉在此设葭芦戍。东晋南北朝时期隶属仇池国。也是南朝、北朝争夺的焦点。

关于临江地名，出现在南宋郑樵的《通志》里，或许这是临江一名最早的出处。

临江的地势险要，两面大山，白龙江从中流过。

一、古葭芦是临江的史料依据

说到古葭芦，最权威的记载当数《水经注·羌水》（卷三十二）："羌水出羌中参狼谷……又东南经武街城西南，又东南经葭芦城西，羊汤水入焉。水出西北阴平北界汤溪，东南经北部城北，又东南经五部城南，东南右合妾水，傍西南出，即水源所发也。羌水又经葭芦城南，经余城南，又东南左会五部水。"

《隋书》武都郡下说："长松西魏置（535—557），初曰建昌，置文州及芦北郡（治今桥头坝）。开皇初郡废，十八年改曰长松，大业初州废。"（后周武成二年，公元560年与州同徙于此）

周明帝二年（558）置文州，郡治建昌县（桥头坝）。

开皇三年（583）废芦北郡，开皇十八年（598）改建昌为长松。

唐李吉甫《元和郡县图志》（卷二十二）："长松县，中下。西南至州七十里。开元户四百九十四。乡三。后魏之建昌县也，属芦北郡。隋开皇十八年改为长松县，属文州，大业三年罢州，县属武都郡。武德元年，复改属文州。

天魏山，在县北三十一里。

芦北故城，在县东五十二里。因葭芦镇为名也。"

清嘉庆吴鹏翱《武阶备志》："葭芦故城，在州东南七十里。西至长松县五十二里，即三国邓艾姜维相持，及后魏杨文德据守之处。西魏平蜀，于镇置葭芦县，属武阳郡，宇文泰废武阳县，并入长松县。"

新修《陇南市志》把葭芦镇定在了今天的临江，还原了历史真面目，值得称道。

二、南北朝时期氐人重要活动之地

1. 武都国　葭芦是阴平的第一名城，是南北朝时期仇池杨氏建立的武都国之政治中心。自后仇池灭亡后，逃亡在外的杨玄之子杨文德，元嘉二十年（443）四月在白崖（陕西勉县西北）被前镇东司马苻达、征西从事中郎任胐等举为主，同年七月屯葭芦，以任胐为左司马。《资治通鉴》说，元嘉二十年："文德屯葭芦城，以任胐为左司马，武都、阴平氏多归之"。宋元嘉二十四年（447），杨文德受宋王朝之命据守葭芦城，招诱氏羌。武都等五郡（武都郡、天水郡、汉阳郡、武阶郡、仇池郡）氏皆附之。《魏书·皮豹子传》："（刘）义隆以文德为武都王，给兵二千人守葭芦城，招诱氏羌，于是武都、阴平五部氏民叛应文德。"将都城从陕西勉县白崖迁来。宋元嘉二十七年（450）刘义隆大举伐魏，令刘义恭指挥各军，又令刘秀之率领杨文德，刘弘等深入魏境，杀杨高，占领阴平、平武地区。北魏兴安三年（454）杨元和为武都王，建都白水（青川白水），宋孝建二年（455）："是岁，以故氏王杨保宗子（杨）元和为征虏将军，杨头为辅国将军。头，文德之从祖兄也。元和虽杨氏正统，朝廷以其年幼才弱，未正号；部落无定主。头先戍葭芦，母妻子弟并为魏所执，而头为宋坚守无贰心。雍州刺史王玄谟上言：'请以头为假节、西秦州刺史，用安辑其众。俟数年之后，元和稍长，使嗣故业。若元和才用不称，便应归头。头能藩捍汉川，使无虏患，彼四千户荒州殆不足惜。若葭芦不守，汉川亦无立理。'上不从。"北魏天安元年（466）杨元和投北魏，杨僧嗣称武都王，保守葭芦地区，将都城迁回葭芦。宋明帝闻讯，封僧嗣为北秦州刺史、武都王。宋后废帝元徽元年（473）杨僧嗣卒于葭芦，从弟杨文度自立武兴王，遣使降魏。魏以文度为武兴镇将。文度以其弟文弘为白水太守，屯武兴（陕西略阳）。477年十二月，魏将皮欢喜攻陷葭芦，斩文度。杨文弘奉表向魏谢罪，魏以文弘为南秦州刺史、武都王。

2. 武兴国 宋升明元年（477）由于魏军进攻，又占领了葭芦，杨文度被杀，宋王朝又以杨文弘为武都王，退守武兴（陕西略阳）。魏取胜后，也下诏嘉奖皮欢喜、梁丑奴等人，以杨广香代替杨文弘，为魏藩属。建元二年（480）冬十一月，萧道成因杨文弘背叛齐，以杨后起为武都王（486—503年在位）镇守武兴。《资治通鉴》载：梁天监五年（506）（傅）竖眼克武兴，执杨绍先送洛阳。杨集起、杨集义亡走，遂灭其国，以为武兴镇，又改为东益州。

3. 阴平国　在武都国被北魏所灭时，杨难当族弟杨广香，因助北魏攻杀杨文度有功，于太和三年（479）称阴平公、葭芦镇主，史称阴平国，临江担当了阴平国第一都城。同年七月投齐，封沙州刺史、阴平王，都城从文县移居四川青川白水，之后又臣服于北魏，周静帝大象二年（580）八月灭亡。辖境为武都区、文县、四川广元、青川、平武等地。

4. 文州　周明帝二年（558）新置，《周书·明帝纪》："二年三月，以葭芦郡置文州，州治芦北郡（桥头）。领二郡：芦北郡、阴平郡"。隋大业初（605—618）废文州及芦北郡、阴平郡，长松县、正西县、曲水县，改属武都郡，州治南移于曲水县城（城关西元村）。唐高祖武德初（618—626），复改阴平郡为文州，又改文州曰阴平郡。天宝初再改阴平郡为文州。隶属剑南道。

5. 南五部　南五部县，太和四年（480）置郡，北魏置县，故城在文县东北（临江），属武阶郡领县，后移盘堤。《北周·地理志》陇右武州盘堤县："后魏曰南五部，西魏改曰盘堤……《太平寰宇记》：废盘堤县，阶州南一百三十里。盖初盘堤于盘堤山侧，县在将利县西，其后移盘堤治南五部故城。"

6. 武阳郡　（西魏置），领盘堤（北魏置南五部后改名，后并入葭芦县）、葭芦（临江）二县。北周废武阳郡，葭芦县并入盘堤县，盘堤县移居葭芦城。故城治今天临江。

公元581年隋朝建立，开皇三年，隋治理南北朝地方政权设立混乱现象，罢天下诸郡实行以州统县。废芦北郡（桥头），开皇十八年（598）改建昌县为长松县，大业初（605—618）废文州，所属长松、正西、曲水归武都郡。

三、关津要地葭芦城

吴鹏翱《武阶备志》说："临江关在文县西北一百二十里，本临江砦，其下即临江渡。"

南宋人郑樵的《通志》说："临江桥在临江关下。白龙江经此。亦曰临江渡。"《明史》言白龙江桥。傅友德进军四川时在临江白龙江边，遇大夏丁世贞据白龙江桥以自固，友德修桥以渡。

"永济桥"最早在临江，为白龙江上最早的铁索桥，原为木梁桥，清康熙二十三年（1684）修建，三十八年知县江景瑞到任后又重修。乾隆时知县孙巉两次补修。同治十二年州守洪惟善、知县长赟及前令陶模，捐资重修。光绪五年地震陷没，州守叶恩沛捐资重修。光绪十九年移建于尖山蒿子店。

康熙二十三年前为临江渡，1956年为羊儿坝渡口，直至1965年公路桥竣工。

1960年在临江之西建羊儿坝公路大桥，1961年施工中被洪水冲毁，1963年动工重建，1965年建成钢筋混凝土大桥。从这些零星记载里，可以看出临江关的重要性。桥，历来都有，因战争而废，战争过后，暂时为渡口，国家稳定后又新建，反反复复，从古一直到新中国建立后的1965年。

四、临江当地人的早年记忆

据当地老年人和曾在临江区公所服务过的李世璋先生讲，今天临江镇以西一千米的王家沟上面有一块近500亩的平地，今天叫临江坪，是古时葭芦戍遗址，不到百米就到江边，昔日古桥就修建在高崖下江边。临江坪还是西周时人类活动遗址。据生在临江的巩先生回忆，小时临江街还残余一段城墙，他们经常去那里玩，可惜后来修文武公路时毁掉了。在临江街西有一座古墓已被掘开，穿堂式，里面很大。史料记载武都王杨僧嗣就死在葭芦，是否是他的墓穴呢？现在遗迹荡然无存，也就成了永远之谜了。

李世仁｜文县历史上县级以上政权设置概述

古时，文县的道、县、郡、州置，经过两千多年的风云变幻，属南隶北几经变更，由于是氐羌人家园，故而充满混乱，尤以汉末及南北朝时期为甚。

在这一块历经沧桑的土地上，经过了阴平道、广汉郡北部都尉、又蜀国都尉、阴平郡、阴平国、文州、军民千户所等准县级，县级及县级以上行政军事建制。同时在郡的管辖范围也曾设置过多个不同名讳的郡、县，比如清长赞《文县志》中就记载有阴平郡、卢北郡、文州、同昌郡、阴平道、阴平县、曲水县、建昌县、长松县、正西县、尚安县、同昌县、帖夷县、钳川县等。《水经注》上还提到安昌城、北部、五部等，有的治地已经明确，有的尚不知置于何地，现予以梳理，为有志者进一步厘清历史真面目提供些许思路。

阴平道

道，县级政权。汉制，县有蛮夷曰道。当然，此前的秦时就设有湔氐道，秦时实行的是郡县制，为什么会有道的建制？有研究者认为，是为了进一步控制这支叫"湔氐"的族群，显然汉之设道，也是仿效了秦时的规制。

记载阴平道最早的是《汉书·地理志》，说：广汉郡，高帝置。莽曰就都。属益州。县十三。梓潼、雒、绵竹、葭明（萌）、甸氐道、白水、刚氐道、阴平道，北部都尉治，莽曰摧虏。此后多数史籍都说"汉开西南夷置阴平道"。《华阳国志·蜀志》中有这样一句话："汉祖自汉中出，萧何发蜀，汉米万船，而给助军粮，收其精锐，以补伤疾。虽王有巴蜀，南中不宾也。高祖六年，分置广汉郡。"这应该是1997年版《文县志》把阴平建制史定在公元前201年的依据。

首都师范大学宋杰先生，《三国时期阴平的价值及对蜀汉政权生存的影响》一文中说："荆州出土的张家山汉墓竹简中的《二年律令》中的《秩律》有阴平道、（蜀）甸氐道、县（绵）遯道（今茂县）、湔氐道秩各五百石。"刘琳先生谈到阴平道时，亦引的是《二年律令》。这表明在西汉初年（吕后二年以前）当地就已经设立了道的行政建制。《汉书》《华阳国志》两史，共同印证了1997年版《文县志》的可靠性。《巴蜀历史政区地理研究》作者胡道修同样引用了《二年律令》并提出疑问：或许阴平道是秦的旧治。

治地探讨。高帝六年乃分巴、蜀置广汉郡于乘乡，王莽之吾雒也（雒县）。西汉后期，广汉郡移治梓潼。又涪（绵阳）。为解决郡治在南、阴平在北，管辖鞭长莫及之实际，防止氐羌人再次叛乱，特设军事单位北部都尉。按《水经注》："白水又东南经阴平故城南，王莽更名摧虏矣，即广汉之北部也。广汉蜀国都尉治，汉安帝永初三年（109），分广汉蛮夷置。"《后汉书·孝安帝纪》记为永初二年十二月（108年），广汉塞外参狼羌降，分广汉北部为蜀国都尉。其治地当在今城关镇鸪衣坝村。

属地管辖变更。西汉为蜀中广汉郡北部都尉治，东汉为广汉蜀国都尉，三国时曹魏改蜀国都尉为阴平郡，治地阴平县。

广汉北部都尉

北部都尉，属广汉郡的一个边防军事单位，辅助太守掌管军事兼民事。《汉书·地理志》说："广汉郡，高帝置。莽曰就都，属益州。……"县十三，其中就有甸氐道、刚氐道、阴平道，北部都尉治，莽曰摧虏，属益州刺史部，广汉郡治地雒，今四川广汉市五里巷。

北部都尉治地，按《水经注》的记载："安昌水又东南入白水。白水又东南，入阴平，得东维水，水出西北维谷，东南经维城西，东南入白水。白水又东南。经阴平道故城南。王莽更名摧虏矣，即广汉之北部也。"据此，北部都尉治地阴平道当在今鸪衣坝村。

广汉蜀国都尉

《后汉书·郡国五》说："广汉蜀国（都尉），故北部都尉，属（蜀）（广汉）郡，安帝时以为蜀国都尉，别领三城。户三万七千一百一十。口二十万五千六百五十二。阴平道、甸氐道、刚氐道。"《后汉书·孝安帝纪五》中说："永初二年（108）十二月辛卯，广汉塞外参狼羌降，分广汉北部为属国都尉。"东汉蜀国都尉只设在边郡，主要是安置归附的少数民族。治县三，仍是阴平道、甸氐道、刚氐道。东汉元初五年（118），武都羌定，汉中与蜀中羌退，仍复置阴平郡。于郡守外，又置都尉。率军同驻，不理民事专镇压叛民，安辑地方。

至于广汉蜀国都尉治地，史籍没有明确记载，因为此前这里是羌氐人的势力范围，史载自东汉明帝永平（58）以后，陇西羌人便不安分起来，章帝建初二年（77）羌迷吾反，章和元年（87）诱杀迷吾，众羌皆反。至和帝永元元年（89）暂平，永元四年（92）羌迷吾子迷唐复反，十余年陇西未宁，到安帝永初元年（107）羌遂大叛。汉安帝永初二年（108）是关陇地区羌胡大动乱的一年。这一年，广汉北部与武都羌同叛，祸延益州广汉与汉中。烧毁北部都尉城，郡人（汉人）退住白水。其地被羌人占领，为拒羌，元初二年（115）广汉郡从雒县（今广汉）移至涪县（今绵阳）而广汉蜀国都尉亦暂时侨治于涪。

蜀国都尉治地探讨：推定，或许是因羌人烧了阴平故城，无立足之地，才将都尉城迁居阴平大城的。也合《水经注》"白水又东经阴平大城北，盖渠帅（羌族首领）自故城徙居也"的描述。只是一种推论，尚须进一步探讨。

阴平郡、阴平县

阴平郡。西汉置阴平道，《华阳国志》曰："阴平县，郡治。汉曰阴平道也。有白水出徼外，入羌水。"三国、晋称阴平县，故城在今文县西北四里，按里数，此郡城应该是城关镇西园村。

广汉蜀国改为阴平郡是曹魏时。《晋志》说："魏武定霸，置郡十二"，阴平郡是其中之一，时在建安二十年（215）。公元（229）蜀汉攻取武都、阴平。阴平郡辖阴平、刚氐、甸氐、广武四县。

《华阳国志·汉中志》在阴平郡下记载道："刘先主之入汉中也，争二郡不得。"二郡指阴平郡与武都郡。由于阴平郡的地理特殊性，其地并未被曹魏完全占领，原广汉蜀国（阴平郡）辖地，一分为二，摩天岭以南属刘备，以北归曹魏。后主建兴二年（224），出于政治目的，蜀汉建立了阴平郡，这个阴平郡只领刚氐道一道之地。此前曹魏于建安二十年（215）就将广汉蜀国改为阴平郡，这便是《晋志》所说的魏武定霸，置郡十二之一的阴平郡。虽然得到了阴平郡（摩天岭以北）的一半属地，未占全境，且尚不稳定。建安二十四年（219），是刘备、曹操争夺阴平、武都两郡最激烈的一年，结果是，刘备夺得了汉中地区，曹操夺得了武都与阴平。蜀后主建兴七年（229）蜀汉北伐获胜，夺得阴平、武都二郡后，阴平郡才完全统一。据《华阳国志·汉中志》的记载，蜀汉攻取阴平郡后。"魏亦遥置其郡，属雍州。"显然这时并存一虚一实阴平郡。

辖地范围：东接武都，南接梓潼。西接汶山。北接陇西。

蜀汉炎兴元年（263），邓艾伐蜀，阴平郡废。西晋泰始五年（269）复置，属秦州，太康元年（280）晋统一，重新划分州郡县，仍存阴平郡，郡治阴平县，领阴平、甸氐、平武、刚氐四县。太康三年（282）属雍州，此年秦州并入雍州。统阴平、平武二县。晋惠帝元康六年（296）属梁州，永嘉六年（312），太守王鉴粗暴，郡民毛深、左腾等逐出之以郡叛降李雄。其地为仇池杨茂搜占领。

周明帝二年（558）改葭芦郡置文州，领卢北、阴平二郡。州治从葭芦移至桥头坝。《周书·明帝纪》："二年三月，以葭芦郡置文州，州治芦北郡，领二郡：卢北郡、阴平郡。"隋大业初（605—618）废文州及卢北郡、阴平郡，长松县、正西县、曲水县，改属武都郡。隋恭帝义宁二年（618）析武都郡曲水、长松、正西三县，复置阴平郡，州治南移于曲水县城（城关西元村）。唐高祖武德初（618—626），复改阴平郡为文州，又改文州曰阴平郡。天宝初再改阴平郡为文州。隶属剑南道。

刚氐道

西汉高帝时置，治地在今平武县古城镇，阴平郡辖地。

甸氐道

甸氐道，治今九寨沟县。阴平郡辖地。《汉书·地理志》："白水出徼外，东至葭萌入汉。过郡一，行九百五十里。"治地在今九寨沟县白河乡，邓至城亦在此。

武都国

武都国都葭芦，今文县临江。

自后仇池灭亡后，逃亡在外的杨玄之子杨文德，在宋元嘉二十年（443）四月在白崖（陕西勉县西北）被前镇东司马苻达、征西从事中郎任胅等举为主，同年七月屯葭芦，以任胅为左司马。《资治通鉴》说，元嘉二十年"文德屯葭芦城，以任胅为左司马，武都、阴平氐多归之"。宋元嘉二十四年（447），杨文德受宋王朝之命据守葭芦城，招诱氐羌。武都等五郡（武都郡、天水郡、汉阳郡、武阶郡、仇池郡）氐皆附之。《魏书·皮豹子传》："（刘）义隆以文德为武都王，给兵二千人守葭芦城，招诱氐羌，于是武都、阴平五部氐民叛应文德。"将都城从陕西勉县白崖迁来。元嘉二十七年（450）。宋刘义隆大举伐魏，令刘义恭指挥各军，又令刘秀之率领杨文德，刘弘等深入魏境，杀杨高，占领阴平、平武地区。北魏兴安三年（454）杨元和为武都王，建都白水（四川青川县白水），宋孝建二年（455）："是岁，以故氏王杨保宗子元和为征虏将军，杨头为辅国将军。头，文德之从祖兄也。元和虽杨氏正统，朝廷以其年幼才弱，未正号；部落无定主。头先戍葭芦，母妻子弟并为魏所执，而头为宋坚守无二心。雍州刺史王玄谟上言'请以头为假节、西秦州刺史，用安辑其众。俟数年之后，元和稍长，使嗣故业。若元和才用不称，便应归头。头能藩捍汉川，使无虏患，彼四千户荒州殆不足惜。若葭芦不守，汉川亦无立理。'上不从"。北魏天安元年（466）杨元和投北魏，杨僧嗣称武都王，保守葭芦地区，将都城迁回葭芦。宋明帝闻讯，封僧嗣为北秦州刺史、武都王。宋后废帝元徽元年（473）杨僧嗣卒于葭芦，从弟杨文度自立武兴王，遣使降魏。魏以文度为武兴镇将。文度以其弟文弘为白水太守，屯武兴（陕西略阳）。太和元年（477）十二月，魏将皮欢喜攻陷葭芦，斩文度。杨文弘奉表向魏谢罪，魏以文弘为南秦州刺史、武都王。

阴平国

阴平国在武都国被北魏所灭时，杨难当族弟杨广香，北魏于宋昇明元年（477）魏出兵征葭芦杨文度，杨广香助魏攻杀文度有功，魏以杨广香为阴平公、葭芦戍主。以与武兴国相对抗，史称阴平国。临江镇担当了阴平国第一都城之责。齐建元元年（479），齐以广香为沙州刺史，齐建元二年（480）广香臣服与北魏，齐建元三年（481）杨广香卒，其众半奔武兴国，一半奔齐梁州刺史崔慧景。其子杨炅嗣位，齐仍以炅为沙州刺史。都城从文县移居四川省青川县沙州（白水），齐永明元年（483）年二月，杨炅被齐封为沙州刺史、阴平王，在受齐封号的同时，又臣服于北魏。齐明帝建武三年（496）炅卒，子崇祖袭封，崇祖卒，子孟孙袭封。梁武帝天监元年（502），仍以孟孙为阴平王。十年（511）卒，子定袭封。十七年（518）降魏，复封定为阴平王。梁大宝元年（550），黎州（广元）民众驱逐梁州刺史张贯，迎阴平王杨发琛南下，占据黎州，这时是阴平国最大疆域。梁承圣二年（553），杨发琛通西魏，随魏大将尉迟迥伐蜀。蜀平，发琛返国，与同族氐帅相内讧，持久不下。时西魏以赵昶督成（成县西）、武（汉武都郡地）、沙三州诸军事，兼成州刺史，使相和解，更分其部落于各州郡中，于是阴平国实力日益衰弱。

周明帝二年（558），以葭芦郡置文州，领卢北、武阳、阴平三郡。

周静帝大象二年八月（580）氐帅杨永安响应益州总管王谦反北周，十一月兵败灭亡。辖境为武都区、文县、四川广元、青川、平武等地。阴平国短暂治葭芦、阴平大城（西园）再青川县沙州，大宝元年（550）治黎州（四川广元）。

阴平国（477—580）共传八主102年。

南北阴平郡

刚统一不久的西晋，朝中大权落在了一个女人手中，导致了八王内乱，国力式微，塞北众多少数民族乘机进入中原，晋永嘉五年即公元311年，匈奴人刘渊之子刘聪攻陷洛阳，晋怀帝被俘。晋愍帝建兴四年，公元316年，刘曜攻打长安，晋愍帝投降，西晋灭亡。远在西部的陇南，也深处纷乱的战争中。永嘉末阴平没于氐人杨茂搜，阴平毫不例外地进入了最混乱时期。因兵乱，郡县民众流寓于梁、益者，仍于二州立南北二阴平郡。乔治北阴平郡。

韩定山先生对南北阴平考证最为精当：李雄玉衡九年（319），梁、益二州郡，并侨立于所存之地。有秦州之阴平，属汶山郡，玉衡十二年（322）阴平入杨难敌，这个阴平即晋武帝泰始中（265—274）所置郡，汉时的阴平道也。李寿汉兴五年（342），有梁州之北阴平，安州之南阴平。永和三年（347），恒温灭蜀，省成汉所立沈黎、汉源二郡，而立晋源、始宁二郡，南阴平如故。永和六年（350），梁州有北阴平，益州有南阴平，虽不云侨置，然冠于南北，皆以别于没入氐族之阴平，治地都在四川的梓潼、德阳境内。南北阴平，有为成李氏侨治者，有为晋人侨置者。《晋书·地理志》《一统志》记有四阴平。孝武宁康（373—375）以后，梁益二州，皆入苻秦，武都、阴平为苻氏之南秦州。南北阴平有无侨治，盖不可考。苻秦败后，收回了一些失地。安帝隆安（397—401）中，益州始复有南阴平。义熙中（405—418），始复有侨立阴平郡，领阴平、绵竹二县之记载。《宋书·地理志》梁州北阴平太守，领阴平、平武二县。南阴平太守，领阴平、怀旧二县。益州南阴平太守，寄治苌阳（德阳城关镇），领阴平、绵竹二县。北阴平太守，领阴平、南阳、桓陵、顺阳四县。《齐书·地理志》与《宋书》同，惟益州之南阴平，多领南镇、南长乐二县，北阴平多领扶风、京兆、绥归三县。这应该是《一统志》上说的四阴平之来源。孙补《梁疆域志》于巴西梓潼（治地在今江油小溪坝）后列南北二阴平，而于北江州之麻城，列侨治阴平一，则为三阴平。侯景（548）之乱后，梁、益皆入西魏，无复有侨治。西魏以葭芦置文州，阴平为领县之一，此后侨治阴平不复再见。南北分裂之局旋即告终。

南五部

南五部县，北魏太和四年（480）置郡，故城在葭芦，即文县东北（临江），属武阶郡领县，后移盘堤。《北周·地理志》陇右武州盘堤县："后魏曰南五部，西魏改曰盘堤……《太平寰宇记》：废盘堤县，阶州南一百三十里。盖初盘堤于盘堤山侧，县在将利县西，其后移盘堤治南五部故城（葭芦）。"

武阳郡

西魏置，领盘堤（北魏置南五部后改名，后并入葭芦县）、葭芦（临江）二县。北周废武阳郡，葭芦县并入盘堤县，盘堤县移居葭芦城。故城在今天临江。

公元 581 年隋朝建立，开皇三年，隋治理南北朝地方政权设立混乱现象，罢天下诸郡实行以州统县。废芦北郡（桥头），隋开皇初，武阶郡废。开皇十八年（598）改建昌县为长松县，大业初（605—618）废文州，所属长松、正西、曲水归武都郡。

安昌郡

安昌郡的治地目前论者较少，《阶州直隶州续志》上说："安昌故城在县西北微外，安昌水，源发卫大溪西。东南经邓至安昌郡南。又东南合无累水。又东南入白水。"按《水经注》：安昌城，当是魏之安昌郡。在阴平之西。有水亦名安昌水。其最清楚的一句话是：白水又东、与安昌水会。

《元和郡县图志》："安昌故城，在县（帖夷）东北三十二里。后魏废帝遣宁同、宇文昶平阴平、邓至二蕃，立宁州，修筑故城。"清顾祖禹也说。安昌城为旧戍守处，后魏尝置安昌郡于此。"西魏废帝元年（552），氏帅杨发琛据阴平。以为黎州刺史。二年从平蜀回，与种人相攻，赵昶（宇文昶）分其部落，更置州郡以处之。"据现今地望看，从安昌河到中寨的公路里程是 30 里，有学者推断为安昌故城在中寨，是有道理的。

帖夷县

《隋书·地理志》："同昌郡。西魏逐吐谷浑。置邓州。开皇七年（587）改曰扶州。统县八。户一万二千二百四十八……帖夷，西魏置，又置邓宁郡。开皇三年郡废……"

《旧唐书·地理志》："帖夷，后魏置帖夷郡。隋罢为县。万岁通天二年（697），改为武进。神龙（705）依旧为帖夷。"

《新唐书·地理志》扶州同昌郡，下。"……县四。有府二，曰安川、会川。同昌、帖夷。万岁通天二年（697）曰武进，神龙元年（705）复故名。万全中下。本尚安，至德二年更名。钳川。中下。"

《元和郡县图志》："扶州同昌，下。贞观中属陇右道。禹贡梁州之域。古西戎之地，自秦、汉、迄魏、晋属蕃夷，无所建置。后魏讨定阴平邓至羌，立为宁州，分置昌宁、帖夷等郡。后改为邓州，以邓至羌为名也。隋开皇七年改为扶州，大业三年改为同昌郡。武德元年，重置扶州。"

"帖夷县，中下。西至州（扶州）一百里，开元户五百六十六。乡四。"本后魏废帝元年（552）置，属帖夷郡。隋开皇三年（583）属邓州，七年改属扶州。皇朝因之。白水，经县南，去县百步。辖地在四川九寨沟郭元乡至甘肃文县石鸡坝一带。

清顾祖禹说："帖夷城，在故同昌郡南。西魏置帖夷县，又置昌宁郡治焉。隋开皇三年郡废，县寻属扶州。唐因之。万岁通天二年改为武进县，神龙初复故，后废于吐蕃。"

严耕望先生《唐代交通图考》中论及松州东北通散关驿道时认为："由松州东北行约一百七十里至扶州之钳川县，在白水（又名文县河）北二十八里，钳川又东一百三十里，至扶州治所同昌县，又东沿白水一百里至帖夷县，县在白水北岸。又东六十里至文州治所曲水县。"也就是说扶州到文州是一百六十里。几种史籍扶、文间的距离都是基本吻合的。以此推论帖夷县在安昌河或石鸡坝。有论者推论为安昌河，《南坪县志》认为在今石鸡坝。两处相差近两华里，从今天的地形上看，安昌河的可能性要大一些。一是安昌河的地名来源很早，又在去往安昌郡的必由之路口；二是安昌河是与白水江汇合之处，两水相遇，有天然屏障；三是它也在逆水去扶州同昌县，顺水进文州曲水县的大道上。

《巩昌府志》说，明时文县有三处关隘：玉垒、火烧、临江；有堡二十四，安昌为二十四堡之一；有寨四：哈南、洋汤、大黑、安昌。可见在明代依然被府县看重。或许一则它有历史渊源，再者地理条件也极具战略意义。

文州

周明帝二年（558）新置，《周书·明帝纪》："二年三月，以葭芦郡置文州，州治卢北郡（桥头。）领二郡：卢北郡、阴平郡。"

隋大业初（605—618）废文州及卢北郡、阴平郡，长松县、正西县、曲水县，改属武都郡，隋大业二年（606）罢州，县属武都。恭帝义宁二年（618）析武都郡曲水、长松、正西三县复置阴平郡，州治南移于曲水县城（城关西元村）。

隋末又陷贼寇，至唐高祖武德元年（618）陇蜀平，复改阴平郡为文州，又改文州曰阴平郡。天宝初再改阴平郡为文州。隶属剑南道。

大历十四年（779），西戎犯边，刺史拔城南走。建中三年（782），以旧城在平地窄小难守，遂移于故城东四里高原上（今上城）。宋代仍置文州，建炎后（1127—1130）带沿边管内安抚，寻罢，隶利西路。绍定末（1228—1233），置司成都。理宗时蒙兵攻入，州废，元蒙至元九年（1272）复置州省县，并入脱思麻路。又有礼店文州蒙古汉军西番元帅府亦属脱思麻路，后废（治地远在西和长道镇）。明太祖洪武四年（1371）由州降县。

唐属陇右次秦州总管府、岷州总管府、高宗永徽中（650—655）属剑南道、玄宗开元二十三年（735）改隶山南西道、宋代隶西川路、利州路、四川宣抚司、利州西路、明洪武六年（1373）改属陕西行都司、洪武十五年（1382）隶秦州卫、成化六年（1470）属巩昌府、清康熙六年（1667），归甘肃布政司，至今属甘肃未变。

文县非遗

何谓白马

州治：一桥头坝，二西园村，三县城上城。

曲水县

西魏改置曲水县，属卢北郡。治地在今天城关镇西园村。至今尚残存有北面东西走向城墙一段，长约 40 米。

隋初废卢北郡，县属文州，大业初废州，改属武都郡。恭帝义宁二年（617 年 11 月—618 年 5 月）置阴平郡。唐初又改文州，天宝初复改阴平郡。唐建中三年（782），由于大历十四年吐蕃掠扶、文，以旧城在平地窄小难守，遂移治于故城东四里高原上（今上城）。

《元和郡县图志》说："曲水县，中下。郭下。本汉之阴平道，属广汉郡。晋为阴平县，属阴平郡。永嘉末，地陷李雄，县遂废。后魏平蜀，置曲水县，属阴平郡。隋开皇三年罢郡，县属文州。皇朝因之。"

曲水县治地探讨：《华阳国志》："汉安帝永初二年（108）羌反，烧郡城。郡人退居白水。"元初五年（118）汉中羌退，蜀中羌亦退，武都羌定，阴平恢复郡治，鉴于羌人聚居地的阴平羌人数反的教训，又置蜀国都尉，率军同驻。

或许是因羌人烧了阴平故城，永嘉末地陷李雄，后魏平蜀等战争的毁坏，无立足之地，是烧了郡城之后，还是后来的战争过后，从故城迁居阴平大城的，史籍尚无确记。最明确的记载当属《水经注》："白水又东经阴平大城北，盖渠帅（羌族首领）自故城徙居也"的描述。显然与多次羌反有关，究竟是哪一次，待考。

曲水县的管辖范围：南宋祝穆《方舆胜览》说：东接汉中，南接梓潼、西接陇右、北接武都（实际上这是华阳国志上的疆域）。祝穆还特地引用了北宋文邑进士张觉民《清晖楼赋》中的句子："北顾秦壤之广莫兮，南顾江油之水湄，西穷鸟首之穴处兮……"

祝穆的说法，按当时曲水县的设置，最保守的割地应该是西到今天四川省九寨沟县全部，东南到青川县与文县交界处，北到今临江片区接武都地。

方维镇

说到曲水县，不能不说方维镇。《新唐书》说到，利州益昌郡有六个县，其中就有景谷县，唐武德四年（621）以景谷及龙州方维置沙州。贞观元年（627）废州。省方维为镇，以景谷来属。县西北有白坝、鱼老二城。按此，方维、白坝皆在景谷县之西北。白坝在景谷县西北三十里（今青川县永红乡）、方维应该又在其西北，由于方维曾为龙州管辖，地址当在文州、龙州、景谷三地接壤处。也就是说在文州东南最远处。北宋王存《元丰九域志》说：利州至文州是 170 里，领曲水一县，曲水县九个乡，扶州、永定、宕由、南路、方维，还有重石、毗谷、张添、磨蓬、留券、罗移、思林、戍门、特波九寨。

《旧唐书》对大历十四（779）年前后的记载："十月，吐蕃率南蛮众二十万来寇：一入茂州，过汶川及灌口；一入扶、文，过方维、白坝；一自黎、雅过邛崃关，连陷郡邑。乃发禁兵四千人及幽州兵五千人同讨，大破之。《大清一统志》《甘肃通志》说到方维，也引用的是九域志上的原话。

方维的具体位置。著名历史学家严耕望先生认为，方维在今白龙江边的碧口镇到青川县姚家渡一带。《中国历史地图集》把治地标在白龙江边，青川县白水镇与文县碧口镇之间，可知非姚家渡莫属。

正西县

西魏置正西县（535—555），地在县西南五十里。光绪《文县志》及文县现代学人已定为铁楼乡旧寨村，里程符合史书记载，且有古城墙遗存至今。

隋开皇三年（583）正西属阴平郡；炀帝大业三年（607）正西与曲水、长松属武都郡；隋恭帝义宁初（618）置阴平郡，正西属之。唐贞观中省入曲水。《隋书》说正西西魏置。《新唐书》文州阴平郡，下。"义宁二年析武都郡之曲水、正西、长松县置。"《读史方舆纪要》在长松城下载："正西废县，在县西南五十五里。西魏置，属卢北郡，隋属文州，唐因之，贞观初省入曲水县。"

清吴鹏翱《武阶备志》载："正西故城在文县西南五十五里。西魏置，属阴平郡。隋废阴平属武都郡。唐贞观六年废入曲水。"

同昌县

同昌县，同昌郡治所。"白水经县西，去县百步。邓至故城在县南三里。"今九寨沟县南坪镇水扶州。北周武帝天和元年（566）吐谷浑内附筑扶州城。最初在松潘县黄龙乡，西魏逐吐谷浑，置邓州。开皇七年（587）改曰扶州，治所由松潘县黄龙乡迁至九寨沟县下安乐乡水扶州。后魏讨定阴平邓至羌，立为宁州，分置昌宁、帖夷等郡，后改为邓州，因邓至羌为名也。隋大业三年（607）改为同昌郡。武德元年（618），重置扶州，扶州治地至清雍正三年（1725）废弃，筑城南坪坝。

尚安县

尚安县，西魏置，属武进郡，治地今九寨沟县黑河镇黑河东北岸头道城附近，又名万全县，距扶州城55千米。

钳川县

钳川县，后魏废帝二年（553）置。属尚安郡。开皇三年属邓州，治地在今九寨沟县漳扎镇。

北部县

北部县。即北五部。北魏太和四年（480）年置，属武阶郡，治所在今桥头镇桥头坝。

《水经注》对羌水（白龙江）的描述最为精当，一看就明白了北部县的具体方位："羌水……又东南经武街城西南，又东南经葭芦城西，羊汤水入焉。水出西北阴平北界汤溪，东南经北部城北，又东南经五部城南，东南右合妾水，傍西南出，即水源所发也。羌水又经葭芦城南，经余城南，又东南，左会五部水。水有二源，出南、北五部溪，西南流合为一水，曲而东南注羌水。羌水又东南流至桥头，合白水，东南去白水县故城九十里。"

卢北郡

《旧唐书·地理志》："后魏置卢北郡，郡治建昌。后周移郡县于此置，隋废郡，改县。"

公元 581 年隋朝建立，开皇三年，隋治理南北朝地方政权设立混乱现象，罢天下诸郡实行以州统县。《元和郡县图志》："卢北故城，在（长松）县东五十二里。因葭芦镇为名也。"废卢北郡（桥头），开皇十八年（598）改建昌县为长松县，大业初（605—618）废文州，所属长松、正西、曲水归武都郡。

长松县

历史上的长松县，考其源，都是管理氐羌民族的县级政权，是南北朝以来战乱中你争我斗的特殊情况下设立的，是战争乱象、政治乱象的产物。

《魏书·地形志》："武阶郡领县三，北部。南五部，太和四年置郡，后改。赤万，太和四年置郡，后改。"《水经注》提到北部城，说羌水："又东南经葭芦城西，羊汤水入焉。水出阴平北界汤溪，东经北部城北，又东南经五部城南……"此文含义甚明，这里所说的北部城的地理方位就是桥头坝。

《隋书》记载："盘堤西魏置，曰南五部县，后改为焉，并立武阳郡及葭芦县，后周废郡，县并入焉；长松，西魏置，初曰建昌，置文州及卢北郡。开皇初废，十八年县改曰长松，大业初州废。接着说：曲水、正西，西魏置。"

《旧唐书·地理志》："后魏置卢北郡，郡治建昌。后周移郡县于此置，隋废郡，改县。"

《元和郡县图志》说："长松县，中下。西南至州七十里。开元户四百九十四。乡三。后魏之建昌县也，属芦北郡。隋开皇十八年（598）改为长松县，属文州，大业三年（607）罢州，县属武都郡。武德元年（618）复改属文州。天魏山，在县北三十一里。芦北故城，在县东五十二里。因葭芦镇为名也。"

曲水，汉阴平道，属广汉。晋乱，杨茂搜据为仇池，氐羌传叠代。后魏平氐羌始置文州，隋为曲水县。武德后置文州，治于曲水。

《读史方舆纪要》："长松城，县西百里。本阴平县地，西魏析置建昌县，为卢北郡治，兼置文州于此。隋开皇初郡废，十八年改县曰长松，仍为州治，大业初州废，县属武都郡。唐文州治曲水，县属焉。贞元六年省长松县入曲水。"

正西废县，在县西南五十五里。西魏置，属卢北郡，隋属文州，唐因之，贞观初省入曲水县。

《嘉庆重修一统志》：长松废县，在文县西南，《后周本纪》明帝二年，以葭芦郡置文州，《隋书·地理志》武都郡统长松县，西魏置曰建昌，又置文州及卢北郡，开皇初郡废，十八年（598）改县曰长松，县治移至今桥头坝。大业初州废。《元和志》县西南至文州七十里，后魏之建昌县也，属卢北郡，卢北故城在县东五十二里，因葭芦镇为名。《寰宇记》废长松县在曲水县西一百里，后周武成二年（560），与同和郡同徙于此，隋改长松，以地多乔松为名，唐贞元六年（790）废入曲水。

《阶州直隶州续志》："长松县在县东北一百里。因地多乔松，

今月曾经照古人

故名。后魏置，唐贞元中废（引通志）。"

清吴鹏翔《武阶备志》："长松故县在文县东北70里，后魏置北部县，盖袭汉都尉之名，属武阶郡。西魏置卢北郡，改县曰建昌属之。周明帝于郡置文州。开皇初郡废。十八年改县长松，以地多乔松也，属文州。大业初州废，县属武都郡。唐武德元年陇蜀平复，置文州，移治曲水县。贞元六年并入曲水。……今县乃在阴平之北，今近葭芦城。"

康熙《文县志》：五渡河，"在县北七十里，源出洋汤河番界，经长松州合天池水至尖山，沟随山曲折，行者凡五渡，故名。"

从里程上看：天魏山在县（长松县）北三十一里，桥头到天魏山下的天池，里程与史书记载相符，桥头到芦北故城，也就是说到葭芦镇52华里，今天的临江也是里程相符的。

从洋汤河与白龙江合流处可以走白龙江栈道下玉垒关，逆洋汤河而上不远，从尖山进沟可到文县城，山路只有70华里，这也是历史上文县至武都的官道。从尖山到桥头30华里，从桥头翻猫子山与尖山走文县城的路相投，以桥头为起点走文县城也只有80多华里，同样，桥头到文县城，也是官道。

葭芦

葭芦，是今天的临江镇。它和鸪衣坝、西园、桥头、城关上城一样有着深厚的历史底蕴，是阴平道上最重要的关隘和郡治之一。

从武都一路顺白龙江而下，第一道关口就是临江。距临江街一千米的临江坪，有一处古遗址。所处位置：南靠沟岭山，西接王家沟村，北面断崖下是212国道，离白龙江相对高度40米，此台地，有早期人类活动遗存，属四洼文化安国类型，有房屋遗址，有灰坑，有夹砂褐陶出土，距今三千年左右。

葭芦，因有白龙江从千刃壁立中流过，顺理成了重要的军事关口。

它是入秦、入陇、入蜀的必由之路。一是由剑门关出川从昭化沿白龙江峡谷去陇右的重要通道；二是昭化西行过玉垒关经过这里去迭峰或沓中、或狄道；三是由昭化去天水直至长安或洛阳；四是沿白龙江、白水江直至古扶州、松州，莨芦照样是非过不可的必由之道。

清初顾祖禹《读史方舆纪要》卷五十九："莨芦城，旧志云，在将利故城东南七十里。三国时，姜维与邓艾相持于此，置莨芦戍，亦名莨芦城。后为仇池所据。"此书在论及阴平道时，说诸葛亮就曾说过："全蜀之防，当在阴平。"当然，莨芦为阴平第一要冲，可见其重要程度。所以蜀汉在此设莨芦戍。东晋南北朝时期隶属仇池国。也是南朝、北朝争夺的焦点，发生过许多可歌可泣的故事。

临江的地名，出现在南宋郑樵的《通志》里，或许这是临江一名最早的出处。

说到古莨芦，史籍中屡屡提到，最权威的记载当数《水经注·羌水》："羌水出羌中参狼谷……又东南经武街城西南，又东南经莨芦城西，羊汤水入焉。水出西北阴平北界汤溪，东南经北部城北，又东南经五部城南，东南右合妾水，傍西南出，即水源所发也。羌水又经莨芦城南，经余城南，又东南左会五部水。"

《隋书》武都郡下说："长松西魏置（535—557），初曰建昌，置文州及芦北郡（治今桥头坝）。开皇初郡废，十八年改曰长松，大业初州废。"（后周武成二年，公元560年与州同徙于此）

周明帝二年（558）置文州，郡治建昌县（桥头坝）。

开皇三年（583）废芦北郡，开皇十八年（598）改建昌为长松。

唐李吉甫《元和郡县图志》（卷二十二）："长松县，中下。西南至州七十里。开元户四百九十四。乡三。后魏之建昌县也，属芦北郡。隋开皇十八年改为长松县，属文州，大业三年罢州，县属武都郡。武德元年，复改属文州……天魏山，在县北三十一里。芦北故城，在县东五十二里。因莨芦镇为名也。"

《读史方舆纪要》对阶州、阴平道、葭芦城、白水江、文县、曲水废县、长松、安昌、同昌、邓至都有阐述，尤以阴平桥一改前人错误说法，他以为应该是今天的玉垒关。

清嘉庆吴鹏翱《武阶备志》："葭芦故城，在州东南七十里。西至长松县五十二里，即三国邓艾姜维相持，及后魏杨文德据守之处。西魏平蜀，于镇置葭芦县，属武阳郡，宇文泰废武阳县，并入长松县。"

著名历史地理学家、民族学家任乃强先生考镇葭芦是今天的临江。新修《陇南市志》主编罗卫东先生尊重历史把葭芦镇亦定在了今天的临江，还原了历史真面目，值得称道。

文县

文县，旧文州。宋理宗端平三年（1236）没入蒙古，郡县俱废，至元元年（1264）改礼店文州蒙古汉儿军民元帅府，后又建立文扶州西路、南路、底牙等处万户府，至元九年（1272）十月置州省县，属吐蕃宣慰司，并入脱思麻路礼店文州军民元帅府（治地西和县长道镇）。元末为明升所据。

明太祖洪武四年（1371）由州降县。洪武四年四月置守御千户所，六年（1373）改属陕西都司，十年六月改属州。十五年，改隶秦州卫。二十三年（1390）三月，裁县归所，省入阶州。更千户所为"文县守御军民千户所"。成化六年（1470）属巩昌府，成化九年（1473）复置文县。仍属州，属巩昌府。清初，顺治十六年（1659），裁所归县。清康熙六年（1667）归甘肃布政司，七年（1668）改巩昌布政使司为甘肃布政使司，文县入甘肃省。康熙十六年（1677）裁守御千户所归县。雍正七年（1729）改属阶州直隶州。

县城。1372年由于南宋理宗时蒙古兵伐蜀，自成都还攻文州，州城被毁，至元九年（1272）州城改建于今文县所城。

成化六年（1470）新建县城于麻关桥东。

文县守御千户所

宋理宗端平三年（1236）文州没入蒙古，蒙元攻占文州后，设文州吐蕃万户府，元太祖九年（1237）蒙古攻占陇南后，州县俱废。世祖至元元年（1264）改礼店元帅府为礼店文州蒙古汉儿军民元帅府（治今西和县长道镇）。

《明史·地理志》："文州东南。元文州。至元九年（1272）十月置，属吐蕃宣慰司。洪武四年降为县，属府。十年六月改属州。二十三年三月省。成化九年十二月复置，仍属州。……东有文县守御千户所，本文州番汉千户所，洪武四年四月置。二十三年改文县守御军民千户所。成化九年更今名。"

治地在今所城。顺治十六年（1659）裁守御千户所归县，隶阶州，属陇右布政使巩昌府。

罗愚频丨因水证地　按图索骥——从《水经注》探索汉魏之际文县的县治郡治及城池地望

一、郦道元和《水经注》

郦道元（？—527年），字善长，范阳涿县（今河北涿州）人。其父郦范任青州刺史时，少年郦道元随父居山东，培养了"访渎搜渠"的兴趣，成年后承袭父爵，封为永宁伯。北魏孝文帝（471—499）时期，先后任尚书祠部郎中、尚书主客郎中、治书侍御史等职，宣武帝（500—515）时期，郦道

罗愚频，甘肃省文县贾昌人，毕业于成县师范学校。文县文化馆群文馆员，中华诗词学会会员、陇南市诗词学会副会长，甘肃省书协第四届简牍专业委员会委员、陇南市书协副主席。

元历任冀中镇东府长史、颍川太守、鲁阳太守、东荆州刺史，孝明帝（516—528）时任河南尹。孝昌二年（526年）为御史中尉，因执法严峻，结怨于汝南王元悦。次年，雍州刺史萧宝夤反，元悦借故举荐郦道元为关右大使，卒被执，遇害于阴盘驿亭。

郦道元利用任职机会，周游了北方黄淮流域广大地区，足迹遍布今河北、河南、山西、陕西、内蒙古、山东、江苏、安徽等地。每到

一地都留心勘察水道形势，溯本穷源，游览名胜古迹，在实地考察中广泛搜集各种资料，以补文献之不足，从而完成了地理名著《水经注》。

《水经注》以注《水经》而得名。关于《水经》之作者与成书年代，历来说法不一。对于其内容，郦道元认为其"虽粗缀津绪，又阙旁通"。

郦道元穷毕生精力为《水经》作注，其目的在于"因水以证地，即地以存古"（《王先谦合校本序》）。他在《水经注·序》中说："昔《大禹记》著山海，周而不备；《地理志》其所录，简而不周；《尚书》《本纪》与《职方》俱略；都赋所述，裁不宣意；《水经》虽粗缀津绪，又阙旁通。所谓各言其志，而罕能备其宣导者矣"，因此，他结合自己游历时所见所闻，选定《水经》一书为纲来描述全国地理情况。同时，他认识到地理现象是在经常变化的，上古情况已很渺茫，其后部族迁徙、城市兴衰、河道变迁、名称交互更替等都十分复杂，所以他决定以水道为纲，可以进而描述经常变化中的地理情况。

《水经注》原有 40 卷，注文达 30 万字，宋初已缺 5 卷，后人将其所余 35 卷重新编定成 40 卷。明清时不少学者为研究《水经注》做了大量工作，有的订正了经注混淆之处，使经注基本恢复了原来面貌，有的做了不少辑佚工作，更多的是做了校勘注疏工作，清末著名学者杨守敬与其弟子熊会贞用毕生精力撰写了《水经注疏》，编绘了古今对照、朱墨套印的《水经注图》。

《水经注》所包容的地理内容十分广泛，包括自然地理、人文地理、山川胜景、历史沿革、风俗习惯、人物掌故、神话故事等，真可谓地理百科全书。难能可贵的是这么丰富多彩的内容并非单纯地罗列现象，而是有系统地进行综合性的记述。中国科学院院士、著名历史地理学家侯仁之先生概括得最为贴切："他赋予地理描写以时间的深度，又给予许多历史事件以具体的空间的真实感。"（《水经注选释·前言》）

在自然地理方面，所记大小河流 1000 余条，从河流的发源到入海，举凡干流、支流、河谷宽度、河床深度、水量和水位季节变化，含沙量、

今月曾经照古人

冰期以及沿河所经的伏流、瀑布、急流、滩濑、湖泊等都广泛搜罗，详细记载。

在人文地理方面，所记的一些政区建置往往可以补充正史地理志之不足。所记之县级城市和其他城邑共2800座，古都180座，除此以外，小于城邑的聚落包括镇、乡、亭、里、聚、村、墟、戍、坞、堡10类，共约1000处。交通地理包括水运和陆路交通，其中仅桥梁就记有100座左右，津渡也近100处。此外还有兵要地理、人口地理、民族地理等各方面资料。

除丰富的地理内容外，还有许多学科方面的材料。诸如书中所记各类地名约在2万处上下，其中解释的地名就有2400多处。所记中外古塔30多处，宫殿120余处，各种陵墓260余处，寺院26处以及不少园林等。可见该书对历史学、考古学、地名学、水利史学以至民族学、宗教学、艺术学等方面都有一定参考价值。

如此丰富的内容，其价值自不待言。特别是从历史地理方面来说，是研究古代水道变迁、湖泊湮废、地下水开发、海岸变迁、城市规划、城池位置、不同历史时期气候变化等诸多课题的宝贵资料。侯仁之教授曾利用它复原了北京周围古代水利工程，研究了毛乌素沙漠的历史变迁，就是最好的例证。

《水经注》有如此深远的影响，这与郦道元的治学态度认真严谨是分不开的。为了著作此书，他搜集了大量文献资料，引书多达437种，辑录了汉魏金石碑刻多达350种，还采录了不少民间歌谣、谚语、方言、传说故事等，并对所得各种资料进行认真的分析研究，亲自实地考察，寻访古迹，追本溯源，采取实事求是的科学态度。这本书实际上是我国北魏以前的古代地理总结，书中许多珍贵资料早已失传，学者从中可以辑佚或校正一些古籍。

当然，如此宏富的巨作，受时代和条件的限制，难免存在不少错误。唐代杜佑在《通典》中即已明确指出其在黄河河源问题上的"纰缪"。

另外由于他不可能到边远地区和南方进行实地调查，这方面错误也较多些。有些地方的引书也不尽可信等，但这些并不损害全书价值。

《水经注》在我国长期历史发展进程中有过深远影响，自明清以后不少学者从各方面对它进行了深入细致的专门研究，形成了一门内容广泛的"郦学"，日本地理学家米仓二郎曾评价郦道元是"中世纪时代世界上最伟大的地理学家"。

二、从《水经注》探索汉魏六朝之际文县的县治郡治及城池地望

《水经注》记载了流经文县的"白水"和"羌水"（今称之白龙江）两条河流。书中对于这两条河流的发源地、流经之地及其支流，进行了详尽的描述。这两则记载，对于探索汉魏六朝时期文县的县治郡治及城池地望，提供了极其宝贵的文献资料。

可以设想，假如没有《水经注》，我们仅凭借"前四史"、《华阳国志》和《晋书》《魏书》《周书》《元和郡县图志》等史乘，是不可能探索到汉魏时期阴平道县治、北部都尉治、葭芦城、阴平大城、安昌郡、偬城、维城和阴平桥头等具体地望的，因为，这些皇皇史册，限于其体例，往往对县治、郡治、城池等仅做极其简略的记叙，或略而不记。后之历史地理书，如唐李吉甫之《元和郡县图志》、宋祝穆之《方舆胜览》、清顾祖禹之《读史方舆纪要》等，虽为地理名著，然其距汉魏之时已久，又不能亲历考察，或略而不载，或含糊其词，或妄自揣测，或陈陈相因，或记叙舛误，如顾祖禹之《读史方舆纪要》中"废曲水县"条下云："今县治，汉之阴平道也"（卷五十九·陕西八）。这条记载，先把清时县治（今之所、县二城）错误地以为在旧曲水县治（今之西园），然后把汉之阴平道县治（今之鹄衣坝）也错误地以为在旧曲水县治（今之西园）。至于方志，因得职务之便，多能亲历考察，揆诸地形，询诸土人，差可接近真相，然缺乏文献相印证，亦

难服人。

如前所述，由于郦道元向来治学严谨，其注《水经》之目的在于"因水以证地，即地以存古"，故《水经注》一书，就是我们探索阴平道县治等地望的可信的、唯一的文献资料。

下面，笔者条列《水经注》中"漾水""羌水"中有关记载，因水证地，按图索骥，再参照其他史乘、历史地理名著和方志，并结合笔者多年来的实地考察，对汉魏六朝时期文县的县治、郡治及城池等地望做初步探索。管中窥豹，以蠡测海，聊备一说，公诸同好，敬请指正。

（一）从《水经注》卷二十中关于白水的记载，探索白水江流域汉魏六朝时期文县的县治、郡治及城池等地望

为便于行文，先将《水经注》卷二十中关于白水的记载抄引如下，并按白水流经顺序逐一进行考索：

白水西北出于临洮县西南西倾山，水色白浊，东南流与黑水合……白水又东，与安昌水会，水源发卫大西溪，东南经邓至、安昌郡南；又东南，合无累水，无累水出东北近溪，西南入安昌水。安昌水又东南，入白水。白水又东南，入阴平，得东维水。水出西北维谷，东南经维城西，东南入白水。白水又东南，经阴平道故城南，王莽更名摧虏矣，即广汉之北部也。广汉属国都尉治，汉安帝永初三年分广汉蛮夷置。又有白马水，出长松县西南白马溪，东北经长松县北，而东北注白水。白水又东，经阴平大城北，盖其渠帅自故城徙居也。白水又东，偃溪水出西南偃溪，东北流经偃城西，而东北流入白水。白水又东经偃城北，又东北，经桥头。昔姜维之将还蜀也，雍州刺史诸葛绪邀之于此，后期不及，故维得保剑阁，而钟会不能入也。白水又与羌水合，自下羌水又得其通称矣。白水又东，经郭公城南。昔郭淮之攻廖化于阴平也，筑之，故因名焉。白水又东，雍川水出西南雍溪，东北注白水。白水

又东，合空冷水，傍溪西南穷谷，即川源也。白水又东南与南五部水会。水有二源：西源出五部溪，东南流，东源出郎谷，西南合注白水。（《水经注·上》第397页，华夏出版社2007年版）

1. 安昌郡　北魏置。《水经注》云："白水又东，与安昌水会，水源发卫大西溪，东南经邓至安昌郡南。"长赟《文县志》卷一《舆地志》云："安昌水，在县西"，即今称之中路河。又云："安昌故城，在西北傲外"，按此记载，循《水经注》所载，揆诸地形，安昌郡治，当在今中寨镇中寨村一带。清顾祖禹《读史方舆纪要》云："安昌城，县东北三十二里"，其方位（应为"西北"）和里程皆误。

2. 维城　长赟《文县志·舆地志》载："东维水，在县西二十里，出西北维谷，经维城西，入白水"，又云："维城，在县西。"据此，则维城之地望在今石坊镇东裕口村。愚以为此说误解了《水经注》之意。《水经注》云："白水又东南，入阴平，得东维水。水出西北维谷，东南经维城西，东南入白水。"细思此句，维城当在东维水（今称之马莲河）东，不是在东维水与白水江交汇之处的东裕口一带。揆诸地形，维城当在今堡子坝镇堡子坝村一带。据王勤贤《堡子坝考证》（《文县文史资料汇编》第76页）一文所述，堡子坝原名都司坝，为少数民族居住之所，五十年代尚存一段城墙遗址。吕宗力《中国历代官制大辞典》"都司"条云：明朝都指挥使司之简称。都司是明代地方军事机构，类似现代的军区。既云都司坝，则此处应曾是都司衙门所在地，都司衙门能设于此，可见堡子坝在军事地理位置上的重要性。按照古代城池相沿的惯例，此处在汉魏之际置维城，是在情理之中的。

3. 阴平道故城、北部都尉、广汉属国北部都尉　阴平道之设，始于汉初。《汉书·地理志》云："广汉郡，高帝置……县十三：梓潼……阴平道，北部都尉治，莽曰摧虏。"在设立阴平道（县有蛮夷曰道）的同时，还设立北部都尉。北部都尉，是西汉所置的部都尉的一种。因战争需要，汉代边郡常按方位分设东、南、西、北、中诸部都尉负责警戒、防御、出击等任务。阴平道之设，是治理阴平县境内所有事务，而北部都尉之设，主要是战争之需。至东汉安帝永初三年，又改置广汉属国北部都尉治。《后汉书·郡国五》云："广汉属国都尉，故北部都尉，属广汉郡，安帝时以为属国都尉，别领三城。户三万七千一百一十，口二十万五千六百五十二。阴平道。甸氏道（今四川省九寨沟县一带）。刚氏道（今四川省平武县一带）。"据此，则东汉时的广汉属国北部都尉，与汉初的北部都尉，无论在建制上、职能上，还是在辖境上已大不相同。广汉属国北部都尉辖阴平道与甸氏道、刚氏道三县，而汉初的北部都尉与阴平道一样，其职权范围仅限阴平一地，建制也大致等同于县一级政权。那么，阴平道、北部都尉、广汉属国北部都尉，其治地又在今之何处？

第一，无论西汉初期的阴平道、北部都尉治，还是东汉时期的阴平道、广汉属国北部都尉治，均应在同一地方，前如在地方政府的驻军，各行其是；后则如军政合一，属国都尉一并实施民政和军事的职能，从治地来讲，则是一城两署，类似于现在市州行政中心所在地与县区行政中心所在地在同一地方。

第二，《水经注》对于阴平道故城、北部都尉治、广汉属国北部都尉治地望，记载甚明："白水又东南，经阴平道故城南，王莽更名摧虏矣，即广汉之北部也。广汉属国都尉治，汉安帝永初三年分广汉蛮夷置。"据此记载，揆诸地形，其地望当在今城关镇之鹄衣坝村。另，近年文物考古工作者在鹄衣坝村内和村后黄土台多次发现古砖，经鉴定，为汉砖。这也是断定此地曾为阴平道故城、北部都尉治、广汉属故北部都尉治地望的重要依据之一。

文县学界对于鹄衣坝为阴平道治地，意见是统一的，但对于北部都尉治、广汉属国北部都尉治地望是不是在鹄衣坝，分歧则很大。有学者认为，北部都尉治、广汉属国北部都尉治地望在今桥头镇桥头坝。

我认为，《水经注》对于文县境内的白水江、白龙江之走向，流经之地和其支流，描叙极为详细，且记载与今之实际情况相吻合来看，就算作者当时并未亲临考察，这些资料，也是出自极为可靠的同好之手，应该是可信的，以此作为断定阴平道故城、北部都尉治、广汉属国北部都尉治地望的依据，是靠得住的。同时，北部都尉、广汉属国北部都尉作为军事机构，在古代设于县治、郡治是惯例，最重要的是，从地理位置角度看，鹄衣坝南临白水江，在此筑城，既可以控扼白水江上游西北之甸氐道、西南之刚氐道，以及安昌水上游之羌道（今四川舟曲一带），也可以控扼北面之东维水、东北之羊汤水、西南之白马水流域。更何况，东汉安帝设广汉属国北部都尉，其辖县有三，治地之设，应便于三县之管理，其设于汉初之阴平道是最理想之地，不可能偏离白水江流域而设于白龙江流域之桥头坝。《后汉书·郡国五》云："广汉属国都尉，故北部都尉。"此条亦明确指出了广汉属国都尉与故北部都尉治地在同一地方，当然，与阴平道治地也是同一地方。

4. 阴平大城　《水经注》云："白水又东，经阴平大城北，盖其渠帅自故城徙居也。"按此记载，揆诸地形，阴平大城即在今之城关镇西园村。阴平大城之置，时间应该在两汉与北魏之间，具体时间因无文献资料，不敢妄断。阴平大城西北1000米、白水江对面即阴平道、北部都尉、广汉属国北部都尉、阴平郡治地，两城互为掎角之势，大城之设或许有拱卫阴平道、北部都尉、广汉属国北部都尉、阴平郡之意。从"盖其渠帅自故城徙居也"记载来看，也可能是氐羌少数民族首领在相对和平时期，从条件艰苦的山寨"故城"迁至条件较好的缘河平坝始筑之城。韩定山在其《阴平国考》"阴平桥头"条下云："大城当在今之西园或贾昌。"愚按：《水经注》在描述了白马水之后，紧接着即说"白水又东，经阴平大城北"，可见此大城应在距白马水相对近处，故其是在西园而非东距西园10里以外之贾昌。

5. 长松县　《水经注》卷二十"漾水"条云："又有白马水，出

今月曾经照古人

长松县西南白马溪，东北经长松县北，而东北注白水。"长松县的问题，学界对此争论甚剧。一说为在今之石坊镇柳园村，一说为在今之桥头镇桥头坝，而绝不可能在白马水流域。

理由是：

第一，《水经注》作者郦道元是北魏时人，而据《隋书》《重修一统志》《阶州直隶州续志》等史籍，长松县前身是建昌县，其始设时间记载为西魏，长松县是隋开皇十八年才由建昌县改为长松县的，故北魏之人不可能记其身后之事，并进一步推断《水经注》中"又有白马水，出长松县西南白马溪，东北径长松县北，而东北注白水"，这一段文字为后人增补。

第二，在白马河流域不足百里的狭长地带，不可能同时置长松和正西两个县级政权。

愚以为非也。

第一，《水经注》以当时人记当时事，且其一以贯之的"因水以证地，即地以存古"的写作理念与其严谨的治学精神，故而其所记载是可靠的。《水经注》虽间有舛误，偶有增益，然后人不可能毫无缘故增益一大段话于其中。

第二，《旧唐书》《元和郡县图志》均明确记载了长松县始置时间为后魏（北魏）。《旧唐书》卷四十一"长松"条下云："后魏置芦北郡，郡置建昌县。后周移郡县于此置。隋废郡，改曰长松。白马水在县北也。"《元和郡县图志》卷二十二"长松"条下云："后魏之建昌县也，属芦北郡。隋开皇十八年改为长松县，属文州。"这两条记载有三点是一致的，即建昌县始置时间为北魏；建昌县与长松县是同一个地方；长松县是隋开皇十八年才由建昌县改为长松县的。这样，问题又来了：《隋书》《重修一统志》《阶州直隶州续志》等说建昌县始设时为西魏，《旧唐书》《元和郡县图志》又说长松县始置时间为后魏（北魏），此其一；长松县这一称谓最初出现于隋代，则《水经注》所云"又有白马水，出长松县西南白马溪"，就是以北魏（386—534）人身份说身后七十年（隋开皇十八年，即598年）之事，显然很荒谬，此其二。权威如国史、方志、地理名著，其与同一个郡县始置时间，就有两种说法，令人莫衷一是。其实，并不难理解，这与南北朝时期政局的极度混乱、频仍的战争毁坏文献（"八书二史"除《隋书》外，皆未载长松县）和阴平所处的尴尬地位是紧密联系的。这就导致后之治史者，对百年前之事，迷雾重重，资料匮乏，援引失据，下笔难免失当。因此，笔者以为，《水经注》在流传过程中，后之治史者很有可能是将原来的"建昌县"篡改成"长松县"了，原文应为"又有白马水，出建昌县西南白马溪"。如此，则一切疑惑就都顺理成章了。

第三，南北朝时期在中国历史上是一个极其特殊的时期，政局极度混乱，阴平一地，氐羌杂居，忽而附北，忽而附南，故其建制混乱亦是常理，在白马水狭长地带建有二县并不为奇。《魏书·地理志》"东梁州"云："领郡三，县四。户一千二百二十二。金城郡，领县一，直城，户二百八十六；安康郡领县一，安康，户六百一十八；魏明郡，领县二，汉阳、宁都，户三百一十八。"户仅三百一十八的魏明郡即领县有二，由此可见当时建制之乱，那么，在白马水一带置二县，又有什么可奇怪的呢。

因此，按《水经注》所载"又有白马水，出长松县西南白马溪，东北经长松县北"及《旧唐书》所载"后魏置芦北郡，郡置建昌县。后周移郡县于此置。隋废郡，改曰长松。白马水在县北也"，合诸今日之地形，长松县（建昌县）当在今铁楼乡铁楼村之南河坝一带。

6. **偃城** 《水经注》所载甚明，当在今尚德镇水坝村张家坝社一带。

7. **桥头** 即阴平桥头。昔人与此桥有颇多误会之处。长赞《文县志·关梁》"阴平桥"条下云："在旧城南，雍正七年，知县葛时政、守备张金榜同建，匾曰巴蜀咽喉"，宋人闫苍舒诗曰："鱼贯赢师堪坐缚，尔时可叹蜀无人"，明《一统志》曰："阴平桥畔……即《三国志》

所云阴平桥头。"此皆误以阴平桥（今城关镇之南桥）为《三国志》所云之阴平桥头。陆游《老学庵笔记》云："阴平在今文州，有桥曰阴平。醇熙初为郡守者，大书石于桥下曰邓艾取蜀路云，过者笑之。"这则资料说明，在宋代就有人误将三国时的阴平桥头与州治之南的阴平桥混为一谈了，好在当时就有人知道此为可笑之事，止增笑耳。

《水经注》云："白水又东经偃城北，又东北，经桥头。昔姜维之将还蜀也，雍州刺史诸葛绪邀之于此，后期不及，故维得保剑阁，而钟会不能入也。白水又与羌水合，自下羌水又得其通称矣""羌水又东南流至桥头，合白水"。按此记载，揆诸地形，结合口碑，则阴平桥头即在今之玉垒乡没于水下之原乡政府一带。

8. 郭公城　《水经注》云："白水又东，经郭公城南。昔郭淮之攻廖化于阴平也，筑之，故因名焉。"据此，则郭公城在今之玉垒乡关头坝大桥东北没于水下之城墙坝一带。

9. 南五部　白水与羌水汇合后，东南流，又有两大支流汇入。《水经注》云："白水又东，雍川水出西南雍溪，东北注白水。白水又东，合空冷水，傍溪西南穷谷，即川源也。白水又东南与南五部水会。"合诸今日之地形，雍川水即今称之让水河（孙岩《文县志·地理志续》亦云"雍川水，今名让水"），南五部水即今称之碧峰沟水。《隋书·地理志》"武都郡盘堤县"条下云："西魏置，曰南五部县，后改名焉。"南五部水既为今称之碧峰沟水，则其与白水汇合处，即为南五部，亦即今之碧口镇政府白龙江两岸一带。因南五部为西魏所置，故《水经注》不载。七十年代至今，在碧口镇早阳坝一带，曾多次出土汉代青铜器，此亦可作为这一带在汉魏之际即为筑城戍守之处的佐证。谭其骧《中国历史地图集》东晋十六国、南北朝时期卷"雍、秦、豳、夏等州"标注的南五部也在今之碧口一带。

（二）从《水经注》卷三十二中关于羌水的记载，探索白龙江流域汉魏六朝时期文县的县治、郡治及城池等地望

为便于行文，先将《水经注》卷三十二中关于羌水的记载抄引如下，

并按羌水流经顺序逐一进行考索：

羌水出羌中参狼谷，彼俗谓之天池白水矣。……又东南经葭芦城西，羊汤水入焉。水出西北阴平北界汤溪，东南经北部城北，又东南经五部城南……羌水又东南流至桥头，合白水，东南去白水县故城九十里。（《水经注·下》第625页，华夏出版社2007年版）

1. 葭芦城　葭芦城在汉魏之际，是一个响亮的名字。《元和郡县图志》卷39盘堤县条云："魏邓艾与蜀将姜维相持，于此筑城，置茄（葭）芦戍，后于此置县。"据此可知在三国之际，即置葭芦戍。《资治通鉴》：南朝宋元嘉二十年（443），杨文德为北秦州刺史武都王，"屯葭芦城"。《宋书·氐胡传》：泰始二年（466），"（杨）元和从弟僧嗣，复自立，还戍茄芦，以为宁朔将军、仇池太守……（顺帝升明元年），房破茄芦"。北魏太和元年（477），杨难当族弟杨广香在北魏支持下，攻占葭芦，斩杀杨文度，魏以杨广香为阴平公、葭芦镇主。

曾经作为军事要塞和地方割据政权阴平国初期中心据点的葭芦城，其地望到底在何处，多年以来，可谓众说纷纭。一说为今武都区之外纳，如叶恩沛《阶州直隶州续志》云：葭芦在州东南七十里，即今之硼纳；又如《中国古今地名大辞典》云：葭芦城，在今甘肃武都县东南七十里。一说为今文县临江，如尤明智《阴平故城与文州郡县治考辩》（《文县志》第1070页）云：葭芦故城应为明清时阶州东南一百四十里之文县临江。

其实，关于葭芦城的地望，在《水经注》中说得再清楚不过了。《水经注》云："羌水出羌中参狼谷，彼俗谓之天池白水矣……又东南经葭芦城西，羊汤水入焉。水出西北阴平北界汤溪，东南经北部城北，又东南经五部城南……"羊汤水入羌水之处，即今尖山乡之河口，河口西北一带即今之河口新村，正是羌水东南所径之地。古今地形如此高度一致，那么葭芦城之地望，在今之尖山乡河口新村一带应该是无可置疑的。为此，我曾于 2023 年 12 月 10 日，到河口新村再次进行实地考察。河口新村处今 212 国道以南，羊汤河以北，白龙江西北，现有 122 户、325 人，南北窄而东西狭长，地域面积 6.22 平方千米，"大跃进"期间，曾在这一带开办国有农场。此地处白龙江（羌水）和羊汤河（羊汤水）交汇处，从筑城戍守角度来看，此地既能北扼武都，又能控制西北羊汤河流域之北部，经此沿白龙江南下抵阴平桥头，是理想的筑城戍守之地。从筑城条件来看，此地地域面积 6.22 平方千米（曾为唐文州州治的西园，今地域面积为 3.7 平方千米），具备筑城戍守条件。

综上所述，无论是文献资料记载，还是地理位置、筑城条件，我认为，今尖山河口新村一带，就是汉魏之际的葭芦故城。葭芦城是杨广香在 477 年被北魏封为阴平公、葭芦镇主时的地方，479 年杨广香又降齐，齐以杨广香为沙州刺史，自立为阴平王，形成了氐人割据的阴平国政权。《青川县志·建置》载："沙州，元嘉十七年（440）置，治地在今白河乡易家湾（白河乡二十世纪九十年代没入白龙河库区，今为沙州镇辖地）"，据此，阴平国割据中心点，当在今四川省广元市青川县沙州镇易家湾一带。

2. 北部城 《水经注》云："又东南经葭芦城西，羊汤水入焉。水出西北阴平北界汤溪，东南经北部城北，又东南经五部城南……"此条言北部城地望甚明，即在今桥头镇桥头坝一带。问题在于，《水经注》卷二十"漾水"条又云："白水又东南，经阴平道故城南，王莽更名摧虏矣，即广汉之北部也。广汉属国都尉治，汉安帝永初三年分广汉蛮夷置。"前曰北部城在白龙江流域之桥头坝，后又云北部城在白水江流域之鹄衣坝，如此则前后矛盾。其实，细思之，并不矛盾。《魏书·地形志》卷一百六载："南秦州，领郡六，县十八。天水郡，领县三……汉阳郡，领县二……武都郡，领县四……武阶郡领县三，北部，南五部，赤万……"据此可证，北魏时曾置北部县，属武阶郡。故而，白龙江流域桥头坝之北部，为北魏时所设领县之北部，与白水江流域鹄衣坝之西汉所设北部都尉、东汉所设广汉属国北部都尉并不是一回事，其间时间跨度相距达五六百年。谭其骧《中国历史地图集》秦、西汉、东汉时期卷"益州刺史部"，标注的阴平道、北部都尉、广汉属国治均在白水江一带，三国、西晋时期卷"益州北部"，标注的阴平郡与前同，在东晋十六国、南北朝时期卷"雍、秦、幽、夏等州"标注的长松县在白水江流域，北部、五部城、葭芦城均在白龙江流域。

3. 五部城　尤明智先生在其《阴平故城与文州郡县治考辩》（《文县志》第 1069 页）一文，对五部城渊源考论精详，现转引如下，据《阶州直隶州续志》载：三国蜀将姜维曾有"剿五部氏"的军事大举。又，《魏书·皮豹子传》载刘义隆以（杨）文德为武都王，给兵二千人守葭芦城，招诱氏羌，于是武都、阴平五部氏民叛应文德。由此，我们可以推想，五部氏在那个时代，当属阴平氏中较为强盛的一支种落，"五部城"当为阴平五部氏名酋所屯戍的城池。

按《水经注》"水（羊汤水）出西北阴平北界汤溪，东南经北部城北，又东南经五部城南……"记载，揆诸今日之地形，五部城当在今之尖山乡老爷庙一带。此地北抵北部城，东抵葭芦城，西南经山根翻分水岭，再经铁炉可抵白水江河谷故阴平郡，地理位置极其重要，是理想的筑城戍守之地。北魏时置五部城，西魏时又置南五部，之所以称南五部，正是从方位上与北魏时之五部城以区别，也正可以说明南五部在今之碧口一带。在地名上也是一脉相承。

三、文县历史上自然灾害和中华人民共和国成立后大规模建设，并未造成河流改道、消失的现象，为"以水证地"提供了可行性

文县建县历史悠久，自汉初历各朝至今，已经有两千多年。隋唐至清，其建制与治地、城池，史乘记载较明，考之甚易，惟汉魏之际，特别是南北朝时期，政局混乱，战争频仍，故而建制频易，名称混乱，加之"江左诸史不载"（韩定山语），其治地、城池，考索实难。幸有"以水证地"之《水经注》一书，可供按图索骥，如加以实地考察，仿佛能得其一二。然以此法考索一千六百年前之治地、城池，除河流称谓之改变带来考索不便外，还应考虑暴洪、地震及大规模建设所导致的河流改道、消失，致使考索出现舛误。称谓改变的问题解决较易，可忽而不论，唯后者，不可不详察，否则，所考索之结论，难以服人。

李虎春主编的《文县志》第二编第九章，对文县历史上所发生的自然灾害记载甚详，笔者拟以此作为资料，进行一些分析。

（一）关于水灾的记载

《文县志》第二编第九章第二节"水灾"，共记 41 条，上自宋淳熙十三年（1186），下至 1987 年，时间跨度 801 年。这 41 条记录，按灾害程度可分为三类：受灾较轻者，一般描述为"霪雨害稼""霪雨山崩""洪涝成灾"等；受灾较重者，一般描述为"山洪暴发，冲毁田禾""洪水暴发，冲毁田地民房"；受灾严重者，这一类是我们关注的重点。

1. 清光绪五年（1879）五月十一日，连续大雨，至六月初白水江、羊汤河、白龙江先后涨水，淹没农田、城垣、营署及部分民房。

2. 民国二十五年（1936），白龙江、中路河、马莲河、白马河水涨，县城南河堤与对岸康家崖一带均被洪水漫淹。

3. 1977 年 7 月 5 日，碧口大雨，碧峰沟涨百年不遇大水，冲毁肖家磨房一带所有房舍……国营编织厂、食品站及水电五局安装队办公室、房舍、食堂房屋荡然无存。

4. 1982 年 8 月 6 日，城关地区发暴雨 50 分钟，暴雨中心的关家沟山洪暴发，冲出麻关谷口，冲毁拱桥及小河坝至县医院一带住房 55 间，死亡 22 人。

5. 1984 年 8 月,两江八河水位暴涨。淹没土地 6 万余亩、冲毁河堤 78 条、道路 68 条、桥 13 座。

1985 年至今之水灾,因笔者亲历,与本文中所涉之河流并未造成河流改道、消失的情况,在此不列。在李虎春主编的《文县志》所记载的 801 年间的 41 次水灾,均无河流改道、消失之记载。

(二)关于地震的记载

《文县志》第二编第九章第四节"地震",共记 19 条,上自晋咸宁四年(278),下至 1976 年,时间跨度 1698 年。这 19 条记录中,较轻者和较严重者居多,现仅条列严重者如下:

1. 晋太康七年(286),春二月,阴平、仇池崖崩。
2. 明崇祯元年(1628)冬,地震,山川崩裂。
3. 清道光二年(1822)四月二十九日,地震,摇塌房屋 11 余间,死 23 人。
4. 清光绪五年(1879)五月十日,地震。十二日地大震,山崩水涌,城垣倾塌,压毙 10830 余人。岷堡沟村后山崩溃,村落被覆盖,同时暴雨倾盆,河水阻流,沿沟成为泽国。震后多日积水冲开缺口,水始流通。马莲河西王家山 2 里长的一面山从腰摇崩,将沟底填满,沟口被堵,形成周围 2 华里多、深 20 余丈的弋家坝大水池。红土坡山被摇垮,堵塞白水江,将四川商人曾姓一家 20 余口,连房一并冲走。十三日,大河决口,下游河水暴涨。梨坪尹家磨村摇垮马家山,全村 90 多户人被埋没,玉坪、九原寨亦山崖崩塌,埋没村落。县东北百里之临江桥陷没。
5. 清光绪六年(1880)五月十五日,地震。县城城墙倒塌,压死 4 人,受伤 50 余人,都司衙、学署照墙全倒,仓库塌崩 3 处,城垛倒 70 余个,关家沟山崩压死 4 人。

1996 年至今之地震，因笔者亲历，与本文中所涉之河流并未造成改道、消失的情况，在此不列。在李虎春主编的《文县志》所记载的 1698 年间的 19 次地震中，就灾害程度严重者来看，除清光绪五年（1879）地震中"沿沟成为泽国""形成大水池"外，基本都是"崖崩""山川崩裂""城垣倾塌""山崖崩塌，埋没村落""城墙倒塌"之类，均无河流改道、消失之记载。

另外，新中国成立后的公路建设、水电站建设，也并未造成本文中所涉及的河流改道、消失的现象。

从以上资料可见，文县历史上的水灾、地震和公路建设、水电站建设，均未致使本文所涉及的河流改道、消失。因此，以《水经注》记载的文县河流来"以水证地"，按图索骥，探索汉魏之际文县县治郡治和城池等地望，也是一种靠得住的有效途径。

参考文献

[1]（东汉）班固. 汉书 [M]. 北京：中华书局，2015.

[2]（南朝宋）范晔. 后汉书 [M]. 北京：中华书局，2015.

[3]（北魏）郦道元. 水经注 [M]. 北京：华夏出版社，2007.

[4]（北齐）魏收. 魏书 [M]. 北京：中华书局，2013.

[5]（唐）魏征. 隋书 [M]. 北京：中华书局，2006.

[6]（唐）李吉甫. 元和郡县图志 [M]. 北京：中华书局，2006.

[7]（后晋）. 刘昫. 旧唐书 [M]. 北京：中华书局，2006.

[8]（清）顾祖禹. 读史方舆纪要 [M]. 北京：中华书局，2005.

[9]（清）叶恩沛. 阶州直隶州续志 [M]. 武汉：轩辕出版社，2007.

[10]（清）孙岩. 文县志 [M]. 影印本，乾隆二十七年.

[11]（清）长赟. 文县志 [M]. 影印本，光绪二年.

[12] 青川县志编纂委员会. 青川县志 [M]. 成都：成都科技大学出版社，1992.

[13] 谭其骧. 中国历史地图集 [M]. 北京：中国地图出版社，1996.

[14] 吕宗力. 中国历代官制大辞典 [M]. 北京：商务印书馆，2016.

[15] 王水泉. 文县文史资料汇编 [M]. 政协文县委员会编，2016.

[16] 郑红燕. 文县标准地名志 [M]. 兰州：甘肃文化出版社，2022.

[17] 李虎春. 文县志 [M]. 兰州：甘肃人民出版社，1997.

[18] 陈桥驿. 郦道元评传 [M]. 南京：南京出版社，1997.

[19] 韩定山. 韩定山诗文校释 [M]. 兰州：甘肃文化出版社，2011.

今月曾经照古人

罗愚频｜《秦蜀交界》摩崖石刻探微

2024 年 4 月 8 日，我陪同四川成都武侯祠博物馆三国文化中心研究工作部主任吴娲一行，到文县石鸡坝镇边地坪村马尾墩再次考察《秦蜀交界》摩崖石刻。此行最大的收获是，我无意中发现了《秦蜀交界》摩崖石刻左侧的试刻崖面。2009 年 4 月 9 日，我和同事曾到此地开展过全国第三次文物普查工作，之后又曾陆续多次到此，但或许因为粗心，或许因为熟视无睹，或许因为机缘未到，均未能发现《秦蜀交界》摩崖左侧的试刻崖面。此次新的发现，对于丰富该摩崖石刻的研究内容，具有重要的意义。在研究该摩崖试刻现象的同时，我又重新对该摩崖石刻中提到的"关外八寨"具体位置及相关文化信息进行了综合考察、研究，从而形成了一些粗浅认识。

一、《秦蜀交界》摩崖石刻基本情况

《秦蜀交界》摩崖石刻，位于文县石鸡坝镇边地坪行政村马尾墩社以西约 2000 米处的白水江南岸，是文县古代四大雄关之一的柴门关所在地。摩崖石刻在一天然石凹处，距地面 2 米。石凹深约 1 米，最高处 3.2 米，宽 3.5 米。摩崖高 2.2 米，宽 1.15 米。摩崖石刻正文为"秦蜀交界"四个大字，字径高 50 厘米，宽 40 厘米，楷书。四个大字右侧有"四川南坪营所属关外八寨：马尾山寨、盐土山寨、草地沟山寨、杨家湾山寨、登龙山寨、水田山寨、固水沟山寨、邪坡寨"45 字；尾题为"雍正九年五月二十六日松潘卫守备罗林刻石"。据当地人讲，摩崖上方石嘴原刻有"秦蜀咽喉"四个大字，二十世纪七十年代因雷击坠入江中。该摩崖石刻对研究甘川交界的行政区域变化及文县交通史有着重要的文献价值。

该摩崖石刻于 1993 年被文县人民政府公布为第一批重点文物保护单位（文政发〔1993〕29 号），文物名称为"马尾墩延昌河崖石刻"，编号为 26 号，断代为"三国"。第三次全国文物普查结束后，2013 年该摩崖石刻被文县人民政府公布为第二批县级文物保护单位（文政发〔2013〕30 号），文物名称为"马尾墩摩崖石刻"，编号为 26 号，断代为"清"。2014 年，该摩崖石刻被四川省阿坝州设立文物保护标志碑，该保护标志碑标示：秦蜀交界石刻，阿坝州人民政府一九八九年一月二十七日公布、九寨沟县人民政府二零一四年六月十四日立。该文物保护单位位于甘川两省交界处，历史上行政区划多有变动，两省都把它当作自己的文物资源，实无可厚非，资源共享，共同保护，共同受益，无必要就其归属问题徒费口舌。

二、《秦蜀交界》摩崖石刻蕴含的历史、地理信息

（一）刻石背景

该摩崖石刻高度概括了柴门关独特的地理位置。长赟《文县志》云：（柴门关）负山临河，势极险隘，峭壁镌"秦蜀咽喉"四字。从《中国历史地图集·东汉·益州刺史北部》的标示来看，柴门关往西至甸氐道（今四川九寨沟县），再北上可达羌道（今甘肃舟曲一带），亦可再往西至湔氐道（今四川松潘一带），之后沿岷江南下经茂汶抵蜀郡（今成都），或出柴门关后直接南下抵刚氐道（今四川平武），之后沿涪江经江油、涪县（今四川绵阳）抵蜀郡（今成都）。根据现有资料分析，柴门关至迟在两汉之际，即是连接成都平原与舟曲、松潘等少数民族聚居之地，或由此进入关中平原进而进入中原的战略要隘。

柴门关在唐初，因吐蕃在西部崛起后，不断发动对唐王朝的战争而越加凸显其重要性。在吐蕃与中原王朝数百年持续不断的战争中，

位于青藏高原东缘的松潘（两汉时期的湔氐道，唐、宋、元时期的松州）地区，一直是双方拉锯争夺的战略要地，也是中原王朝西部边疆与吐蕃的门户，柴门关也就成为这个门户的一把"锁钥"。

唐宋之际，吐蕃入寇文州、侵扰中原的文献资料较多。仔细研究这些史料，从吐蕃总的行进方向分析判断，应该都是由柴门关进入文县进而入川、侵扰中原的。比较典型的记载，如：

1. （大历）十四年（779）十月，吐蕃率南蛮众二十万来寇：一入茂州，过汶川及灌口；一入扶、文，过方维、白坝……（《旧唐书·列传卷一百四十六下·吐蕃下》）。

2. 建中初（780），吐蕃袭火井，掠龙州，陷文、扶、远三州。（《新唐书·列传》卷七十二）。

这两条史料，第一条云"一入扶、文"，第二条云"掠龙州，陷文、扶、远三州"，"扶"即扶州，今四川省九寨沟县，"龙州"即今四川省平武县。两条史料中，都是"扶""文"相连，说明吐蕃是由"扶"入"文"的，而由"扶"入"文"，柴门关乃是必经之路。

明清之际，柴门关西北之少数民族虽未对中原有大的军事行动，但扰边之事，甚至颠覆地方政权之事时有发生。最著名的莫过于"辛酉猝变"。据长赟《文县志·历代兵防》记载：

咸丰十年冬（1860），四川南坪营都司，"因收番粮睃削激变，围城杀掠。次年（1861）正月，逆番复围城。三月，番目欧利哇，以城难攻下，计诱文武官绅百余人出城议和，尽歼之……欧利哇既掳南坪，复勾结文属白马峪番班银鱼子等为乱，焚掳汉民。前令常毓坤欲往安抚……遂被掳入寨三日，遇救得脱"。

以上所述，充分说明了摩崖石刻所在地柴门关的重要战略地位，也就无怪乎历代守边者于此屡次题刻"秦蜀咽喉""秦蜀锁钥""秦蜀交界"四字，用以自警警人。

（二）刻石人身份

此石刻尾题为"雍正九年五月二十六日松潘卫守备罗林刻石"。此处所谓"刻石"人，并非镌刻之工匠，而是主持此次刻石工作之人。罗林其人，史无记载，事迹不详。松潘卫始置时间为明洪武十二年（1379），先置松州、潘州，寻并为松潘卫，属四川都司，其辖境大致为今四川松潘、南坪（九寨沟）、若尔盖、红原、马尔康、黑水等县。明王朝卫的官署名为卫指挥使司，设指挥使一人，正三品。守备为镇守地方之武官，设于总兵之下，无品级、无定员，或各守一城，或协同主将同守一城，其地位在游击将军之下，把总之上。

（三）由刻石时间推测松潘卫改为松潘厅之时间段

从此摩崖石刻尾题可知，此摩崖题刻时间是雍正九年（1731）五月二十六日，但查诸史料，清雍正九年（1731）这一年，正好是清廷将松潘卫改为松潘厅之时，此处仍题官署名为"松潘卫"而不是"松潘厅"，可知刻石之时，"松潘卫"尚未改为"松潘厅"，由此可以推测，松潘卫改为松潘厅的时间当是在雍正九年五月二十六日之后。

（四）"关外八寨"地望

"秦蜀交界"摩崖石刻首题曰：四川南坪营所属关外八寨：马尾山寨、盐土山寨、草地沟山寨、杨家湾山寨、登龙山寨、水田山寨、固水沟山寨、斜坡寨。四川南坪营，即汉之甸氐道、隋之扶州，今之九寨沟县。雷学锋主编《南坪县志》载：雍正七年（1729年）委巴州知州吴赫，监筑城于西山之麓，即古扶州之南的南坪坝，始名南坪，为南坪营。设都司，辖黑角郎寨司（隆康乡黑角）、踏藏司（今塔藏乡上四寨）、藏咱寨司（今塔藏乡漳扎）、八顿寨司（今大录乡八屯）、

香咱寨司（今大录乡香扎）、郎寨司（今塔藏乡郎寨）、中岔寨司（今塔藏乡中查）、隆康寨司（今隆康乡）。南坪营之设，川陕间道路得以沟通。文县于清顺治十六年（1659）裁守御千户所归县，清康熙三年（1664）分陕西为左右布政使司，文县属右布政使司之巩昌府。清康熙七年（1668），改巩昌布政使司为甘肃布政使司，文县随入甘肃省。从此摩崖石刻尾题可知，此摩崖题刻时间是雍正九年

南坪营关外八寨分布示意图　李辉/绘制

（1731）五月二十六日，此时文县已归甘肃行省六十三年了，摩崖刻石仍题曰"秦蜀交界"，而不题"陇蜀交界"或"甘川交界"，是因为秦陇相接，自古联称，言秦即陇也。

　　文县与南坪营以野猪关梁子为天然分界线，以东为文县，以西为南坪。所谓南坪营关外八寨，即以柴门关为界，柴门关以西为关内，以东、以北和东南为关外。此八寨，查诸方志，假以田野调查，其迹依然可循。

　　马尾山寨　清康熙四十一年（1702年）江景瑞纂《文县志》卷一《地理志》"马百户番地"云："马尾山，在县西南六十五里"，郑红燕主编《文县标准地名志》云："马尾墩位于边地坪村北部。传三国时，曹军路经此地，兵卒垒起了高约10米、直径20米的圆形土堆

用于做烽火台，故名马尾墩。民国时期，马尾墩只有几户人家，此地自古以来就是文县城至南坪（今九寨沟）的必经之路，中华人民共和国成立后，人口迅速增长。为边地坪第一村小组。地处白水江南岸河谷，聚落呈团块状分布。"以此推断，马尾山寨当在今之石鸡坝镇边地坪村第一村民小组所在地。

盐土山寨　江景瑞纂《文县志》卷一《地理志》"马百户番地"云："盐土山，在县西南六十里。"通过田野调查，并与边地坪、哈南寨村中长者交谈得知，今之哈南行政村以西 1.5 千米处有一自然村，名曰宛平，宛平居白水江以南高原之上，宛平自然村背后山坡当地人称之为盐土山，盐土山当是昔年盐土山寨所在地。

草地沟山寨　柴门关东南 2.5 千米为哈南寨，哈南寨西南方向即九寨沟县草地沟，草地沟南北纵深约 15 千米。草地沟现为九寨沟县草地乡所在地。草地乡行政面积 87.64 平方千米，人口 1369 人，辖杨家湾、下草地、上草地 3 个行政村。草地沟山寨当在今九寨沟县草地乡上草地沟村一带。

杨家湾山寨　其地甚明，当在今九寨沟县草地乡杨家湾村一带。

登龙山寨　具体地点已不可考，然从地名蕴含的相关信息和古代安营结寨的规律以及柴门关附近地势，亦可做一推测。今之柴门关西北 2.5 千米处有一双曲拱桥，名曰青龙桥（建于 1966 年），为甘川交界处。该桥所在地为九寨沟县郭元乡青龙村，青龙村西南山梁为野猪关梁子末端，由青龙村往西南行约 5 千米，翻山即可到草地沟；由青龙村沿白水江西北行约 2.5 千米，即是郭元乡回龙村，由回龙村再西北行约 2.5 千米即是郭元乡水田村，水田村居白水江以北高原，其背后山坡即水田老寨子，亦即南坪营关外八寨之一的水田山寨。水田山寨东南距青龙村 5 千米，青龙村东南距马尾墩山寨 5 千米，由此可以推测登龙山寨当在青龙村西南山梁处。与此结寨，则与水田山寨、马尾墩山寨、盐土山寨互为掎角之势，且与草地沟之杨家湾山寨、草地沟山寨以及草地沟东之固水山寨互相呼应。

水田山寨　由青龙村沿白水江西北行约 2.5 千米，即是郭元乡回龙村，回龙村以北、白水江对面山坡当地人称之为小水田，由回龙村再西北行约 2.5 千米即是水田新村。水田村踞白水江以北高原，系移民搬迁新村，由原小水田、大水田与牧马山三个合作社重新聚合而成。水田新村背后山坡就是原来的大水田社，当地人现在叫水田老寨子，当是昔之水田山寨所在地。

固水沟山寨　江景瑞纂《文县志》卷一《地理志》"马百户番地"云："郎藏山，在县西南五十里。"根据田野调查，郎藏山脚即为纵深约 15 千米的石鸡坝岷堡沟，沟口与白水江交汇处，当地人称之为固水沟。从固水沟西南行 2 千米即岷堡沟村，再从岷堡沟村西北行 3 千米即薛堡寨村，薛堡寨再往西即进入草地沟。固水沟山寨当在岷堡沟口，其与草地沟山寨、杨家湾山寨成掎角之势。

邪坡寨　雷学锋主编《南坪县志》云："永和乡，古称斜坡大驿城。地处九寨沟东北部，为甘川交界处，南与文县中寨镇麦家沟村相连，以南即野猪关梁子。"斜坡寨当在今永和乡博裕河以南斜坡沟一带。该山寨为北控舟曲、南坪之少数民族由此进入中路河进而南下文县之关隘。

三、《秦蜀交界》摩崖石刻试刻现象探析

摩崖石刻试刻现象，指的是刻石者在石壁上先进行初步刻划，确定文字或图案的位置、大小和形态，然后再进行正式雕刻。试刻的目的是为了保证石刻的最终效果符合预期，试刻现象的存在，反映了摩崖石刻创作过程中的严谨性和艺术性。对于这一现象，似乎并没有引起古代金石学家的重视，古代金石学著述罕有论及。20 世纪 90 年代，国内金石学者开始对这一现象进行综合研究。就陇南而言，著名文化学者高天佑、西北师大教授蔡副全先后就位于成县西狭的《西狭颂》《汉

将题刻》的试刻现象进行过一些分析、研究。

蔡副全先生在其《成县新发现早〈西狭颂〉86 年的〈汉将题刻〉摩崖》一文中说：在《汉将题刻》左下 20 米的路旁崖壁上又有零散刻字数处，内容多为"元和"字样，除右 2 图之"元"（未刻完）似后人随意刻画的楷书外，其余均为汉隶书风，与《汉将题刻》之"元和"体势相若。从字迹及摩崖现状观察，这几处刻字是《汉将题刻》镌刻前的选石、试刻行为。在《西狭颂》摩崖右下也曾发现试刻"武都""天"等字。

《西狭颂》《汉将题刻》均是在石刻主体旁就某字进行试刻，其意或为对某字结体进行揣摩，或对石材质地进行探试，以使刻石更加完美。《秦蜀交界》摩崖石刻试刻与上述《西狭颂》《汉将题刻》试刻有很大不同。

新发现的试刻崖面，在《秦蜀交界》摩崖石刻东侧 4 米处，与摩崖石刻基本在同一个面上，距离地面略高于摩崖石刻，崖体西侧上方略凸出崖面，崖体东侧与上方基本与崖面在同一个面上，形成一个与"秦

《秦蜀交界》摩崖石刻试刻崖面　罗愚频/摄

蜀交界"崖窝相对独立的半包围小
崖窝，故不易被人轻易发现。这一
崖窝，高 1.9 米，宽 2.5 米。崖窝崖
面大致平整，崖面有 5 道明显刻线，
其中纵线 4 道，横线 1 道。这 5 道
刻线，在崖面以西形成了一个界格。
这个界格由一道横线分割为上下两
部分。上部分东边两道竖刻线相连，
两线距离 0.8 米，西面 1 道竖刻线，
下方 1 道横刻线（公用线），上方
抵崖顶，无刻线，4 道刻线形成一
个"口"字形界格，界格内崖面高
0.60 ～ 0.65 米，上宽 0.67 米，下宽
0.80 米；下部分界格，东边、下边
均无刻线，西边刻线高 0.35 米，与
公用线形成一个长方形界格。从清
晰的界格来看，或许刻石工匠对整
个摩崖的章法分布已成竹在胸。但
仔细查考界格内，却未发现任何文
字和图案。

　　这一现象，笔者认为仍系前人
试刻行为。不过这个试刻行为与其
他的试刻行为，其表现形式有所不
同。前述陇南成县西狭两处摩崖石
刻有试刻文字，而此摩崖无任何试
刻内容；前者试刻的目的在于或对
某字结体进行揣摩，或对石材质地
进行探试，而后者是章法分布分明

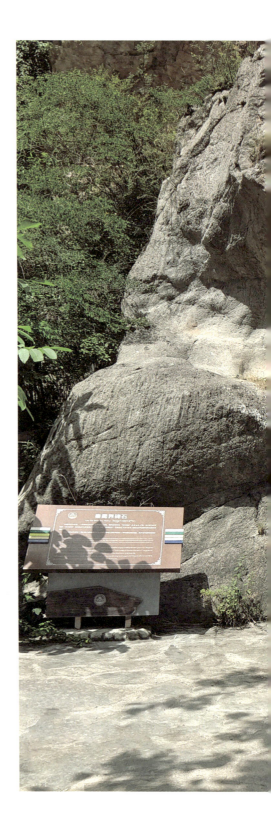

《秦蜀交界》摩崖石刻　罗愚顿/摄

已成竹在胸，却未刻一字，其意何云，令人费解。笔者通过对两个崖窝的立地条件进行反复的对比揣摩，做出如下初步推测：

（一）原定于此刻石，并完成了刻石前打磨崖面、打界格的准备工作，但考虑到此崖面面积较小，刻石效果气势不足，同时，此崖面上方凸出部分太短，不足以遮风挡雨，影响刻石寿命。由于此崖面的先天缺陷，故有司断然舍弃已成型的崖面，而重新选择了其西侧崖面较大、崖窝较深之处刻石。

（二）此处试刻行为，既非对字形的试刻，亦非对石材的探试，而是属于章法分布的试刻现象。

（三）"秦蜀交界"刻石完成后，有好事者欲在其东侧另刻一石，但因某种原因而终未刻成，只能留给后人一面"无字碑"。

以上三种情况，究竟哪一种更接近事实真相，见仁见智，谁也无法肯定，我们只能说是哪一种的可能性要大一些而已。

参考文献

[1]（后晋）.刘昫.旧唐书[M].北京：中华书局，2006.

[2]（宋）.欧阳修，宋祁，范镇.新唐书[M].北京：中华书局，2006.

[3]曾礼.阶州志集校笺注[M].武汉：轩辕出版社，2007.

[4]（清）江景瑞.文县志[M].影印本，康熙四十一年.

[5]（清）长赟.文县志[M].影印本，光绪二年.

[6]谭其骧.中国历史地图集[M].北京：中国地图出版社，1996.

[7]吕宗力.中国历代官制大辞典[M].北京：商务印书馆，2016.

[8]李虎春.文县志[M].兰州：甘肃人民出版社，1997.

[9]雷学锋.南坪县志[M].北京：民族出版社，1994.

[10]郑红燕.文县标准地名志[M].兰州：甘肃文化出版社，2022.

[11]蔡副全.西狭《汉将题刻》摩崖略考[J].天水师范学院学报，2012（3）23-25.

乡傩虽陋亦争看

第二篇

每个民族或族群，其称谓一般都会经历一个从"他称"到"自称"的过程。20世纪50年代，国家开展民族识别工作，将分布于甘肃文县和四川平武县夺布河流域、九寨沟县下塘区自称作"贝"的少数民族部族一并划归藏族，但学术界对其族属问题产生明显分歧，从方便研究和表述的目的出发，称之为白马藏族或白马人。这一称谓得到白马山寨藏族群众的普遍认可。

生活在甘肃文县铁楼乡白马山寨的藏族群众，自称"达嘎贝""达嘎尼"或"达嘎幽盖尼"，意为白马河流域的人。生活在文县石鸡坝镇薛堡寨村白马山寨的藏族群众，自称"阿薛幽盖尼"，意为山沟里的人。四川平武县白马山寨的藏族群众，自称"夺布贝""夺布尼"（"夺布"亦写作"达布"），意为夺布河流域的人。四川九寨沟县白马山寨的藏族群众，自称"俄布贝""俄布尼"，白马语称九寨沟为"俄布"，"俄布贝""俄布尼"意为九寨沟人。"贝""尼"的意思，准确的理解应为"少数人群"或"少数族群"。三县白马山寨的藏族群众，每个村子又以村名自称。比如文县铁楼乡入贡山村的藏族群众又自称"柔欧"，九寨沟县草地沟村的藏族群众自称"窝斯套"。

三县白马山寨的藏族群众相互之间，其称谓又有点差异。文县白马山寨的藏族群众称四川平武县白马山寨藏族为"色目佬"，意为骨肉相连的亲戚，或"夺布尼"；称四川九寨沟县白马山寨藏族为"俄布劳照"，"劳照"意为山沟。文县铁楼乡白马山寨的藏族群众称石鸡坝镇白马山寨藏族为"开蒲薛"，意为山那边的人；称文县丹堡镇的藏族为"当木薛"，意为山梁那边的人。石鸡坝镇白马山寨的藏族群众称铁楼乡藏族为"达嘎薛"，意为山这边的人。四川平武县白马山寨的藏族群众称文县白马山寨藏族为"若外尼"，意为伙伴。九寨沟县白马山寨的藏族群众称文县白马山寨藏族为"达嘎尼"。 可见三县白马山寨的藏族群众，是以地名作为自称。"白马藏族""白马人"起初是"他称"而非自称。

近年来，文县白马山寨的藏族群众生产生活条件显著改善，绚烂多彩的民俗文化得到了整体保护，传承发展。傩舞池哥昼列入国家级非物质文化遗产项目名录；傩舞麻昼，白马人民歌、服饰列入省级非物质文化遗产项目名录；白马人舞蹈、白马人婚俗、羊皮鼓舞、刺绣、木刻、传说故事、民间美术、织布技艺、咂杆子酒制作、沙嘎帽制作等列入市级非物质文化遗产项目名录。

据学者考证，傩舞产生于旧石器晚期，距今七千年至九千年间。最原始的傩舞，巫师头戴的是羽冠，面具形象为傩鸟（太阳鸟）和炎帝人面头像的组合，鸟背上的炎帝头像圆睁双目，露出四颗变形的獠牙，所以傩舞最初是为了祭祀太阳神。商周以降傩舞日渐盛行，成为驱鬼逐疫的一种国家礼仪，称作"宫廷傩"。据《周礼》的记载，周代一年有三次大型的傩舞祭祀活动。季春之月，"命国傩"，在王城九门进行祈禳，天子和诸侯参加；仲秋之月，"天子乃傩"，天子在王宫内主持，诸侯和庶民不得参加；季冬之月，"命有司大傩"，举国上下共同参与。傩舞的主角为"方相氏"。中国记载最早的"方相氏"是嫫母，传说长的奇丑无比，被黄帝命为"方相氏"。周代"方相氏"为巫官，是没有爵位的武职人员。职责有三项：一是"索室驱疫"，就是搜索、清扫室屋，从而驱逐疫鬼；二是"大丧，先驱"，就是在重大的丧葬仪式行列里走在棺柩之前，免得凶邪恶鬼惊吓，危害棺里的死者；三是"及墓，入圹"，就是"方相氏"到墓坑或墓室里，"以戈击四隅"，逐除可能危害尸体或亡灵的鬼怪"方良"。傩舞"方相氏"为4人（代表"四方""四季"），背上披着熊皮，头戴狰狞可怖的四眼面具，玄衣朱裳，执戈扬盾。歌舞粗犷，动作凶猛，不时狂呼号叫。古人认为，疫鬼丑陋，驱鬼必须"以丑制丑"。头颅是人的灵魂藏身之所，死者的灵魂依附于面具之上，便成了禳邪祛恶的灵物，面具越丑，越凶恶，越对疫鬼具有震慑作用。

文县傩舞池哥昼、麻昼来源于原始苯教，但仍然体现出中国传统文化思想的影响。

乡傩虽陋亦争看

池哥昼

文县地处汉藏边缘地带，元朝以降，尤其是明清之际，随着藏传佛教及格鲁派的发展，苯教则被挤压出当地政治文化中心，为求生存而隐退到山大沟深、佛教势力还未涉及或相对薄弱的偏僻地带。清康熙年间，苯教从卓尼、迭部一带传入文县。作为苯教祭祀仪式的池哥昼，开始在文县藏族群众生活区域隐秘流传，至今已有300多年的时间。每年正月期间，白马山寨的藏族群众都要组织祖先神（山神）祭祀活动，开展池哥昼表演，逐村逐户地为村民除恶驱邪，祈求吉祥。随着经济

社会的发展，池哥昼虽然保留了驱魔撵鬼的基本功能，但更是藏族村寨保持族群联系的纽带，也是男女青年追逐爱情的一场"节日盛宴"。

A1. 池哥　池母

　　池哥、池母是池哥昼的两个主要角色，源自苯教的忿怒神尊，属于猛神神系。"池"即忿怒神尊，"哥"为男性，"母"为女性，"昼"意为舞蹈。白马山寨藏族的"勒"歌《失摆盖塞》记录了最初池哥昼的表演情景："大坪坝里什么在舞？大坪坝黑头的人在舞。大坪坝里什么在转？大坪坝里池哥池母在转。池哥池母会转的是什么？串起来的铃铛它们在转。"这为我们提供了池哥昼早期的一些关键信息：池哥昼表演的场所在白马山寨的坪坝里，池哥、池母都头戴黑色面具，身挎铃铛。

　　目前，文县铁楼乡、石鸡坝镇的池哥昼，与最初流传的已有所不同。铁楼乡的池哥昼，表演场所主要在村民家中和村内广场。其中池哥4人或3人，小寨子也有2人的，池母2人。池哥面具形象狰狞，

白马山寨　张军民/摄

文县铁楼乡池哥昼　刘启舒/摄

颜色以红、黄、蓝、白、绿、黑搭配，面具顶部插彩纸扎花和锦鸡长羽。池母戴静美微笑的女相人物面具。表演时，池哥反穿羊皮袄，肩挎铃铛，打绑腿，右手持黑色牛尾，左手持木剑；池母不挎铃铛，穿传统服饰，徒手跟随在池哥身后，以鼓、锣、钹等打击乐相助，按规定的舞步前行。石鸡坝镇薛堡寨等村寨的池哥昼，表演场地在村内广场，池哥、池母均为4人，池哥头戴彩绘狰狞面具，右手持黑色牛尾，左手持木棍；池母不戴面具，以黑丝帕裹头，双手拿干树枝或彩绸。

根据文县铁楼乡白马山寨藏族的说法，古老的池哥昼面具并未保存下来，现在流传的池哥昼面具，大约有100多年的时间。据说是铁楼乡村民从四川江油请来的一位雕刻师傅，按照村民的记忆，重新雕刻而成。其中池哥老大是二郎神，三只眼；老二是护法神；老三是四大天王；老四是钟馗。但无论池哥面具代表的是什么，造型上仍然保留了池哥圆目怒睁、阔口獠牙的原始形象。池母面具则一改狰狞形象，完全成为白马山寨藏族群众心中美丽、文静的女性形象。通过田野调查了解到，池母老大是按照铁楼乡入贡山村民班四有的祖母形象雕刻的，池母老二是按照入贡山村民余东江外祖母的形象雕刻的。

池母穿着的百褶裙，是最具代表性的白马服饰，颜色以青、红、白、黄、蓝、绿等为主，上部为衣，下部为裙，裙子的皱褶在后面，一般为24个皱褶，代表二十四节气；对开襟，无纽扣，袖口较宽大且短，穿着时腰际用华丽的腰带缠束。衣领、袖子和背部，用传统刺绣手法，装饰有精美的以彩色条纹为主要特征的抽象几何图案，以及具象的花卉图案，包含着较为深厚的民俗文化意蕴。在这些图案中，最常见的图形有"米"字、带圆圈的"米"字、圆形团花以及三角形等，其中"米"字和带圆圈的"米"字象征太阳的光芒，体现了白马人对太阳神的崇拜；而圆形团花图案则象征着圆润柔美的月亮，体现了白马人对月亮神的崇拜；三角形则体现了白马人对生殖繁衍的崇拜。在这些几何图形上还添加了刺绣花卉图案，多为野草莓花、扇子花、野菊花、牡丹花等，这些花卉图案做工精致，色彩艳丽，造型生动活泼，将写实与夸张变化手法有机结合，既表现出植物花卉昂然的自然情趣，又显示出浪漫抒情的民族艺术特质。

A2. 知玛

"知玛"意为猴子，为夫妻二人和一个孩子，孩子又单独称"猴娃子"。传说有白马四兄弟、两个媳妇和一个小妹。有一天，他们走到四川境内，饥饿难当之时前往一户人家投宿。小妹上前去敲门时遇到了一个英俊潇洒的四川小伙子。二人暗生情愫，但是由于白马人有严禁与外族通婚的禁令，姑娘被开除族籍，白马四兄弟愤然离去。无奈之下，姑娘只好落户四川。十几年过去了，白马姑娘十分思念故乡的亲人，就和丈夫带着孩子，一路跋山涉水，千里迢迢回娘家探亲。白马山寨里亲人相见，抱头痛哭，最终还是收留了他们一家。为了避免尴尬，只好让一家三口脸涂锅墨，跟在池哥昼队伍的后面，表演各种逗笑的动作来取乐村民。

四川绵阳市平武县白马路的藏族群众，表演池哥昼（当地称"曹盖"），要搭棚念经，祭棚横梁上贴琼（大鹏鸟）、拉赤（神座）和拾（猴子）剪纸，其中"琼"代表神职人员，"拉赤"代表众神，"拾"代表信徒。这一习俗在文县白马山寨早已消亡，文县池哥昼知玛角色，可能来源于"拾"剪纸形象，体现了人神共舞的思想情感，是池哥昼逐渐世俗化的后来产物。文县石鸡坝镇和铁楼乡寨科桥村，池哥昼的角色中没有知玛，就是一个很好的证明。

今文县铁楼乡草河坝村，白马语称"额贝"，"额"意为顶端，"贝"是本民族的自称，表示额贝之上再无白马山寨。铁楼乡寨科桥、迭堡寨、阳尕山等白马山寨，均是后来搬迁形成的，先有寨科桥，之后是迭堡寨和阳尕山，具体年代难以考证，大致在清光绪年间至民国时期。寨科桥村的池哥昼没有知玛角色，而迭堡寨的池哥昼有知玛角色，说明知玛角色出现的时代在清光绪年间或更迟一点，而迭堡寨的搬迁应在寨科桥之后。阳尕山池哥昼是近年来才开始兴起的。

A3. 秦州客

据寨科桥当地的藏族群众讲，清光绪年间，村里有一个年轻男子，早年因打仗流落在秦州（今甘肃天水），老年思念故土，不远千里徒步回到了寨科桥，经过一番周折，最终得到族人认同。当时正逢正月十五跳池哥昼，秦州客跟在池哥队伍后面，每到一家都说一些吉利的话，讨主人喜欢。秦州客的角色作用类似于知玛。

麻昼

文县麻昼是流传于石鸡坝镇薛堡寨村薛堡寨社、堡子坪社藏族群众之间的一种祭祀性舞蹈。白马语"麻昼"意为丑舞，体现了古人以丑辟邪纳祥的观念。每年正月十五，舞者头戴各种动物面具，在村内进行表演，周边汉族群众称为"十二相"，但实际上同中国传统相学中的"十二相"毫不相干。

B1. 面具

文县麻昼面具造型，属于动物和禽鸟头像，一共有 6 张，有一相代二相之说。第一相为狮头，也代表鼠；第二相为牛头，也代表马；第三相为虎头，也代表狗；第四相为龙头，也代表蛇；第五相为鸡头，也代表凤凰；第六相为猪头，也代表大象。

有学者研究，麻昼面具，来源于苯教 27 位瓦姆忿怒女相神中的"赛玛九尊"和"结姆九尊"。"赛玛九尊"即指蓝色龙头、深绿色蛇头、黑色红嘴鸦头、红色狮头、红色马熊头、暗红色狼头、紫黑色虎头、黄褐色大鹏鸟头和青蓝色水怪头；"结姆九尊"即指红黄色野牦牛头、红色雕头、黑色熊头、黄色牛头、蓝色豹头、黄褐色猫头鹰头、红色隼头、灰白色鹞鹰头和暗红色猪头。

文县石鸡坝镇薛堡寨村流传着一个祖先迁徙的故事，在与外族的战争中，是都冈山神化为一只雄鹰，拯救了整个族群从而得以生存下来。近些年来，在白龙江上游的甘肃舟曲县、宕昌县及文县周边的四川平武县、九寨沟县都发现了逸散于民间的苯教经书。这些经书为明清时期的手抄本，内容丰富，与原始苯教关系密切。宕昌县羌族信仰的凤凰山神，即苯教琼鸟的形象。文县麻昼面具的鸡头像，长喙似鹰，头顶长着一对犄角，与苯教琼鸟的头部外形基本一致。

文县麻昼面具造型，与四川九寨沟县"傩"舞面具相比（九寨沟县的"傩"舞面具，用单不用双，常见的有11种，即狮子头、龙头、虎头、牛头、雕头、熊头、凤凰头、蛇头、麒麟头、豹头、春鸟头），体现出汉藏文化交流融合的鲜明特点。

B2. 服饰　舞步

文县麻昼表演服饰，根据六种动物和禽鸟的不同，颜色各有差异，狮子和鸡着红色衣，牛着棕色衣，虎着条形斑纹衣，龙着绿白相间衣，猪着黑色衣。在打击乐的伴奏下，表演以逆时针转圈的方式进行，动作丰富形象，舞步复杂多变，有12大套72小路之称，每跳一小路，都有男女两组群众伴唱。

文县麻昼　曹忠文/摄

田野调查

近年来，文县文体广电和旅游局、文县非物质文化遗产保护中心有关人员，多次深入文县白马山寨，开展田野调查。特将曹忠文《文县白马藏族祭祀舞蹈池哥昼溯源及其流变》，班保林《文县入贡山池哥昼》收录如下。

曹忠文｜文县白马藏族祭祀舞蹈池哥昼溯源及其流变

〔原载《中国舞蹈学》第一辑，中央民族大学出版社〕

摘要：白马藏族又称白马人，是生活在甘肃南部及川北结合地带的一支独特部族，由于地处汉藏之间，其部族文化呈现出多民族融合的鲜明特点。白马藏族每年正月都要举行隆重的池哥昼表演，其源头为苯教驱魔撵鬼的仪式，在 300 多年的流传过程中，完全融入本族文化的血脉之中，并赋予了许多新的文化内涵。2008 年，池哥昼已被国务院列为国家级非物质文化遗产第一批扩展项目，进一步加强池哥昼的传承保护工作，意义重大，是时代赋予我们的历史责任。

关键词：白马藏族　池哥昼　苯教　流变

白马藏族是古代氐族的后裔，被称为东亚最古老的部族。目前仅分布于甘肃文县、舟曲县和四川平武县、九寨沟县的个别乡镇，人数不足2万。池哥昼是白马藏族正月期间举行的祭祀舞蹈，目的是驱疫纳福，祈求当年免灾避祸，风调雨顺。目前，池哥昼主要流传于甘肃文县

曹忠文，甘肃文县人，文县文体广电和旅游局四级调研员、县作协副主席。参与编纂《文县志》《碧口镇志》。

铁楼藏族乡和石鸡坝镇的白马藏族村寨，四川平武县厄里村和九寨沟县草地沟村的白马藏族群众也保留着正月跳池哥昼的传统。文县白马藏族跳池哥昼，每年正月十三从地处东向的麦贡山村开始，由东向西至草河坝和寨科桥村，到正月十七结束。大的村寨跳两天，小的村寨一天，全村人必须全部参加，否则会加以惩戒。

近年来，学术界对白马藏族民俗文化的研究方兴未艾。关于池哥昼的历史渊源问题，主要持两种不同观点：一种观点以拉先为代表，认为池哥昼是苯教驱魔撵鬼的仪式；[1]一种观点则以甘肃陇南当地学者为代表，认为池哥昼源头应来自古代的氐羌族，演示白马人的生活和祖先的历史。[2]我个人通过这几年对池哥昼的调查研究，认为白马藏族池哥昼，是在清康熙年间随着苯教的传入而为白马藏族群众所接受并流传下来，同时赋予了池哥昼鲜明的本族文化的色彩和祖先的历史记忆，推进了池哥昼由宗教仪式向民间娱乐活动的转变。文县白马藏族流传的池哥昼，虽然保留了驱魔撵鬼的基本功能，但更是白马藏族保持族群联系的纽带，也是男女青年追逐爱情的一场"节日盛宴"。白马藏族的未婚男性，在跳池哥期间，走村串户与自己心爱的姑娘约会，跳池哥堪称白马藏族男女青年的情人节。

一、崇火：清代文县的民间习俗

文县古称阴平，地处甘、川、陕三省交界地带，西南与四川平武县，西北与九寨沟县，北面与甘肃舟曲县山水相连。西汉初年设阴平道，为氐羌所居之地。晋人南渡之后，被仇池国占据。氐人杨氏曾在此相继建立武都国、阴平国两个地方割据政权。据县志记载：文县"民俗质陋……尚鬼重巫""土风半杂氐羌，兼同秦陇……文之男妇，力田躬织，节用谨身，其勤俭足嘉。所嫌近染番习，赋性愚顽，秉质悍鲁"。[3] 文县县城分所城、县城。所城为明初文县守御千户所驻地，故重建新城。"十一月晦日，两城居民各点火把至玉虚山顶，谓之迎火把。非猎火而山红，俨赤城而霞映。又于八坊空阔处，积薪焚之，群忘始创之由，亦异俗也。"[4] 可见文县城乡居民，不分民族，皆受当地氐羌遗风影响，保持着崇火的习俗。这种习俗在二十世纪八九十年代，在汉族群众之间还有流传。

文县白马藏族作为古代氐族后裔，其崇火习俗至今仍然盛行。在白马藏族群众的意识形态当中，火是光明之神，火是圣洁之物，火也是家庭保护之神。白马藏族对自然神的崇拜，对火神敬畏尤甚，他们总是小心谨慎，生怕冒犯。当山林或山寨发生火灾时，白马人认为是火神在发脾气；野外生火，灭火要用土来掩灭，不能用水或尿，否则火神会找麻烦。

1. **火塘**　文县白马藏族传统民居为土墙板屋，二十世纪七十年代改革开放之后，随着人们生活条件的逐步改善，代之而起的是土木结构的瓦房。2008年汶川地震灾后重建，按照防震要求，新建房屋多为砖混结构的二层楼房，火塘已不多见。白马藏族村落多分布于高寒阴湿地区，过去家家都有火塘，烤火取暖，煮饭烧水，休息睡觉都在火塘边，每家火塘里都放置一个铁三脚，白马藏族不准任何人横跨或踩踏火塘和铁三脚，否则就会触怒火神和灶神。

2. **火圈舞**　按照白马藏族传统的习俗，从每年腊月初八开始，到正月十五结束，长达 40 天的时间，白马藏族以寨子为单位，每家每户凑柴点燃篝火，男女老少手拉手，围着篝火载歌载舞。白马藏族以手牵手象征坚固的城池，舞蹈中途女性退场，男青年则开始一种称作"盖车"（攻城）的游戏，守城失败者，则会受到惩罚。火圈舞的歌曲十分丰富，每首歌都有固定的演唱形式及舞步、动作，有的是合唱，有的是对唱；有的舞步平缓，有的舞步快速；有的动作柔美，有的刚劲有力。

3. 迎火把　每年正月十五这天，家家户户都要准备火把，老人们给孩子扎火把，男的给女的扎火把。晚上，各寨子白马藏族群众听到村头三声炮响，纷纷扛着火把，拿着香烛，打着锣鼓直达村外的山寨神庙。到达后要捡些柴火，生起篝火，在篝火旁跳起火圈舞。待全村人到齐后，举行点火把仪式，男人在神庙前祭拜结束后，会首（活动组织者）举着火把，走在前面带路，其他人列队按照规定的路线返回。一路上大家高举火把，唱歌谈笑，歌声、笑声连成一片。此时放眼远望，各白马山寨都有火龙蠕动，景象十分壮观。人们返回村子后，将未燃烧尽的火把汇聚到一块，架起篝火。接着大家手拉手，肩并肩，又跳起火圈舞，希望来年有一个好收成。

4. 火葬　文县白马藏族一直保留着火葬的习俗，据清代《文县志》记载：文番"丧礼不知成服，惟聚薪焚之，延僧忏悔，谓之火葬"。[5]吊唁死者，白马藏族群众都要给死者家中背一捆柴。民国时期，火葬才完全改为土葬。

白马藏族崇火习俗在苯教传入之后，依然得到很好地延续，足以证明其本族文化在各族群之间存在强大的生命力和感召力，但火神的地位逐渐被山神取代。白马藏族共同崇拜的山神是"白马老爷"，白马语称作"叶西纳蒙"，据说来自"暗以陇"（甘肃）。山神作为祖先神，而火神作为五谷神，共同守护着白马藏族寄予自然的精神家园。

二、苯教：池哥昼隐秘流传的源头追溯

苯教在文县的传播，一直不为人所知。清康熙四十一年（1702）江景瑞主修《文县志》，清乾隆二十七年（1762）孙严修、何浑纂《续修文县志》，清光绪二年（1876）长赟纂《文县志》都未记载文县番民信仰苯教及池哥昼祭祀仪式的任何信息。近些年来，在白龙江上游的甘肃舟曲县、宕昌县及文县周边的四川平武县、九寨沟县都发现了逸散于民间的苯教经书。这些经书为明清时期的手抄本，内容丰富，与原始苯教关系密切。

有学者认为，"元朝以降，尤其是明清之际，随藏传佛教及格鲁派的发展，苯教则被挤压出当地政治文化中心，为求生存而隐退到山大沟深，佛教势力未涉及或相对薄弱的偏僻地带，如流传于白龙江、白水江流域的苯教不排除这种原因。另外，除了受佛教的排挤之外，白龙江上游的迭部曾于公元1647年先后被卓尼第九代土司杨朝梁收服，因当地藏人信仰苯教，生性剽悍，强行佛化措施，使苯教在当地更加边缘化，在汉藏文化衔接带舟曲、宕昌、文县找到生存空间"。[6]

据《卓尼县志》记载，卓尼第九代土司杨朝梁及第十代土司杨威，都热衷于弘扬藏传佛教。清康熙年间，杨威在重新收复迭部后，"在古雅贡钦巴的协助下，使垂巴、申扎、迭当等地的苯教徒改信格鲁派（黄教）"。[7]《迭部县志》记载，苯教在迭部，始于唐代吐蕃东征并占领叠州时传入境内。当时吐蕃军队中有随军巫师，每千户有一个较大巫师称"拉苯波"，主持重要祭祀敬神仪式；一个战斗小组有一个小巫师称"拉巴"，随时敬神保佑助战。后随"嘎玛洛"（无旨不返）部落定居传教。此后，相传还有佛约低、杂阿，又有造帕达旺加参、肖巴尼玛旺增两名"帕巴"（和尚）和一位活佛，先后从川北到迭部的多儿、茨日那、阿夏、代古寺、康多、尖尼、电尕等地传播苯教。最初修筑较简单的巫师祭坛（或称小寺）。到明初宗喀巴在西藏进行宗教改革创立了格鲁派后，佛教逐渐传入迭部并与苯教在冲突中趋于

融合。苯教在借鉴了佛教的教义和仪规后，开始在原祭坛基础上创建寺院，使苯教的规模得以发展和弘扬。虽然明、清以来大部分改苯为佛，但仍有一部分寺院信仰苯教。至1957年，全县尚有苯教寺院11座，僧侣538人。至1991年已开放的苯教寺院5座，住寺和尚160人。[8]

文县北部的中寨、堡子坝、天池三个乡镇与舟曲接壤，并通过舟曲与卓尼、迭部相通。中寨镇的通同沟村、杨志山村，堡子坝镇的马儿河坝村都曾是白马藏族聚居地。天池镇、堡子坝镇至今还留存着一些藏族地名。比如天池镇的洋汤寨，"洋汤"即安多藏语高山湖泊之义；堡子坝镇的"贾那汉"，意为汉人的村子；"勿席"，意为通往半山的路；"楞干"，意为山梁。除此还有如喇嘛湾、扎多、扎多寺等村名，这在当地是一个非常独特的现象。苯教传入文县，应当是通过中寨、堡子坝、天池三个乡镇，并沿着堡子坝境内的白水江支流马莲河，再传入石鸡坝镇、铁楼乡的白马藏族村寨。苯教是否从平武县、九寨沟县流入，目前还没有相关的证据和资料。

虽然在文县的地方志中找不到苯教流传的线索，但通过田野调查，还是找到了一些重要物证和信息。一是文县非遗保护中心主任班保林，在参与陇南市政协主持的白马人民俗文化田野调查时，在文县石鸡坝镇岷堡沟村发现白马藏族村民班二宝家保存的苯教经书。拍摄苯教经书照片37张。二是2022年正月，我在石鸡坝镇薛堡寨村做田野调查时，专门询问当地白马藏族村民、市级非遗传承人杨春阳时，他告诉我本村曾经有4户白马藏族村民家中保存有苯教经书，2021年杨姓村民家中仅存的一部苯教经书，被舟曲人高价收购走了。三是据文县地方志研究专家李世仁介绍，原在岷堡沟任教的百岁老人田尚勤，曾经收藏有苯教经书，还请他去辨认过。可惜田尚勤老人去年去世了。目前，文县铁楼乡并未发现苯教经书。经多方打听，当地白马群众对此没有任何记忆。

综上所述，应该是在清康熙年间，苯教从卓尼、迭部一带传入文县。作为苯教祭祀仪式的池哥昼，在文县的流传已有 300 多年的时间。文县白马藏族之所以接纳苯教，主要在于其生活于高山崇岭之间，坚守着万物有灵的原始自然崇拜信仰，以及尚鬼重巫的习俗。苯教及池哥昼的传授方式，为师徒相传或者父子相传，一直处于一种相对隐秘的状态，即使在 2008 年之后，陇南市开展白马人民俗文化田野调查，起初白马藏族群众的抵触情绪很大，有很多忌讳，甚至发生过一些并不愉快的情况，因此过去不为世人所知也在所难免。

三、流变：白马藏族对池哥昼的重新阐释

白马藏族的"勒"歌（白马藏族在婚庆时用古白马语唱的歌曲）《失摆盖塞》记录了最初池哥昼的表演情景："大坪坝里什么在舞？大坪坝黑头的人在舞。大坪坝里什么在转？大坪坝里池哥池母在转。池哥池母会转的是什么？串起来的铃铛它们在转。"[9] 这为我们提供了池哥昼最初的一些关键信息：池哥昼表演的场所是白马山寨的坪坝里；池哥昼的角色为池哥、池母，并且头戴黑色面具；池哥、池母都身挎一串铃铛。关于池哥、池母戴的黑色面具，我们在四川平武开展田野调查时发现过，也印证了《失摆盖塞》记录的真实性。

目前，流传在文县铁楼藏族乡、石鸡坝镇的池哥昼，与最初流传的池哥昼都有所不同。铁楼藏族乡的池哥昼，表演场所主要是在村民家中和村内广场。角色一般为 9 人，其中池哥 4 人，池母 2 人，知玛 3 人。小寨子由于人口少，池哥减少为 2 人至 3 人。池哥、池母头戴面具，其中池哥面具形象狰狞，颜色以红、黄、蓝、白、绿、黑搭配，面具顶部插彩纸扎花和锦鸡长羽。池母为静美微笑的女相人物面具，黄色或白色；面具后面的遮布均为红色。表演时，池哥戴上面具，反穿羊皮袄，肩挎铃铛，右手持黑色牛尾，左手持木剑；池母不挎铃铛，穿传统服饰，徒手跟随在池哥身后，以鼓、锣、钹等打击乐相助，按规定的舞步前行，挨家挨户驱邪禳灾；知玛则跟随在池母之后，不戴面具，

脸抹锅墨，以各种滑稽表演逗人开心。石鸡坝镇薛堡寨等村寨的池哥昼，表演场地为村内广场。池哥、池母均为4人，池哥头戴狰狞面具，右手持黑色牛尾，左手持木棍；池母不戴面具，以黑丝帕裹头，双手拿干树枝或彩绸；角色中没有知玛；舞蹈队伍不挨家挨户驱邪禳灾。在池哥表演间歇期间，铁楼乡如麦贡山村还要表演日傻期，入贡山村还要表演秋昼、池母写勒、啥昼，强曲村还要表演帕贵塞，寨科桥村还要表演秦州追不，石鸡坝镇薛堡寨等村还要表演池哥杰勿麻些、麻够池等情景性舞蹈。日傻期由池哥、池母、知玛和村民共同参加，表现祖先不断迁徙、征战的场面；秋昼由两位池哥表演，通过相向弓步进退、斗肩、相互推挤等动作，体现池哥的强健威猛；池母写勒由两位池母表演，通过烧水、擀面等动作，表现女性厨房劳作的场景；啥昼由知玛表演，通过模仿狩猎的动作，表现祖先原始狩猎的场面；帕贵塞由池哥、池母、一位野猪角色和村民共同参加，通过模仿野猪啃食庄稼、围堵野猪、擒获野猪等动作，表现捕杀野猪的场景；池哥杰勿麻些，由池哥、池母、杰勿（白马语意为皇帝）参加，通过池哥背着皇帝转圈的动作，表现皇帝将女儿嫁给天神月月的喜悦情绪；麻够池由池哥和两队村民共同参加，结合祭祀仪式，动作随意，表现祖先征战的场面。池哥昼在深夜时分，以抬着草船送瘟神结束，白马藏族群众列队跟随到达村边送瘟神的地方，杀羊血祭，合唱苯教八字箴言。

（一）池哥、池母

池哥、池母源自苯教的忿怒神尊。[10] "池"意为忿怒神尊，"哥"意为男性，"母"意为女性，属于苯教猛神神系。经文县非遗保护中心主任班保林联系，西北民族大学杨仕宏教授告诉我们，池哥、池母在九寨沟流传的苯教文献中常常出现。据我们田野调查，四川平武县厄里村白马藏族在跳池哥昼时，先要由"白莫"念诵忿怒神尊的经文，但文县的白马藏族群众在跳池哥昼时，却从来没有这样的程序。由于苯教文化对文县的影响，较之四川平武县、九寨沟县要小得多，这也

乡傩虽陋亦争看

成为文县白马藏族逐渐脱离苯教，对池哥昼的文化内涵，按照本族群文化加以改造和重创的原因。

1. 关于池哥、池母身份　按照文县白马藏族的说法，池哥4人是班家四兄弟，池母则是池哥妻子。白马藏族原本生活在土地肥沃的蛮坡渡，即今四川省江油市青莲镇。传说蜀丞相诸葛亮想赶走他们，欺骗他们给蜀军让出一箭之地。白马人都憨厚老实，认为一箭之地也不多，就答应了下来。谁知诸葛亮派人骑着马，拿着箭，把箭插到现在居住的地方。白马藏族有一班姓人家，生的两个儿子，都是非常出色的猎手。一天，他俩打猎来到文县铁楼的竹林坡，走乏了就坐在大树下，一边休息，一边抖着草鞋，草鞋上的燕麦种子落在了地上。第二年，两兄弟再次来到同一地方，发现燕麦长势良好，认为这里适合农作，遂举家搬迁。当时，森林里有一只吊睛猛虎，常常危害乡里，两兄弟决定为民除害。老大达嘎在百米之外射杀了老虎，老二率先跑到老虎跟前，发现自己的箭射偏了，于是心生一计，拔下老大的箭扔在一旁，将自己的箭插在老虎身上。老大不服，于是两兄弟赌咒发誓，谁射中老虎，谁以后娶妻会生四个儿子，射不中的只能生一个儿子。老大达嘎后来果然生了四个儿子，长大分家，分别占据了麦贡山、入贡山、立志山、中岭山。白马藏族群众将班家四兄弟作为山神崇拜，每年正月都会举行池哥昼，以纪念四山班家的功绩。

文县白马藏族还有一个池哥昼渊源的故事。传说很久以前，在战乱之时，为了保护年幼的武都王子逃离战乱，国王命自己的精锐武士头戴狰狞面具、身穿野兽毛皮，假扮成凶恶可怕的野人，这些武士因此保护武都王子顺利逃离，来到白马族群当中，从此以后便有了跳池歌的习俗。

甘肃陇南西汉水、白龙江流域及川北地区，历史上为氐人原始分布区域。《史记》载："自冉駹以东北，君长以什数，白马最大，皆氐类也。"[1]文县白马藏族关于池哥昼的传说，赋予了池哥山神和祖先神的双重身份，反映了对远古祖先的历史记忆。作为"外来文化"的池哥昼，随苯教传入的过程中逐渐根植于本土，成为白马藏族传统文化的重要组成部分。

2. 关于池哥、池母面具 根据文县白马藏族的说法，古老的池哥昼面具并未保留下来，现在流传的池哥昼面具，大约有100多年的时间。据说是铁楼村民从四川江油请来的一位雕刻师傅，按照村民的记忆重新雕刻而成。其中池哥老大是二郎神，三只眼；老二是护法神；老三是四大天王；老四是钟馗。但无论池哥面具代表的是什么，造型上仍然保留了池哥圆目怒睁、阔口獠牙的原始形象。但池母面具则一改狰狞形象，完全成为了当地白马藏族群众心中美丽、文静的女性形象。据田野调查，池母老大是按照铁楼乡入贡山村民班四有的祖母形象雕刻的；池母老二是按照入贡山村民余东江外祖母的形象雕刻的。现实生活中的两位女性，长相俊美，至今仍被当地村民称道。

（二）知玛

白马藏族池哥昼角色知玛，"知玛"意为猴子，为夫妻二人和一个孩子。孩子又单独称"猴娃子"。传说有白马四兄弟、两个媳妇和一个小妹。有一天他们走到四川境内，饥饿难当之时便前往一户人家投宿。小妹上前去敲门时遇到了一个英俊潇洒的四川小伙子。二人暗生情愫，但是由于白马人有严禁和外族通婚的禁令，姑娘被开除族籍，白马四兄弟愤然离去。无奈之下，姑娘只好落户四川。十几年过去了，白马姑娘十分思念故乡的亲人，就和小伙子带着孩子，一路跋山涉水，千里迢迢回娘家探亲。白马山寨里亲人相见，抱头痛哭，最终还是收留了他们一家。为了避免尴尬，只好让一家三口脸涂锅墨，跟在池哥昼队伍后面，表演各种逗笑的动作来取乐村民。

（三）秦州客

文县白马藏族池哥昼，唯独铁楼乡寨科桥村中的知玛角色，改作"秦州客"（秦州追不），讲述了一个和知玛完全不同的故事：

光绪年间，寨科桥的一些白马人被一支军队带去外出打仗。后来，一直打到当时叫秦州的地方，被打败了。多数出门参加打仗的人都回家了，少数人在撤回的途中丢失了，秦州客就是其中一个。后来，他在秦州安了家，一住就是几十年。在他五六十岁后，非常想念自己的家乡和家人，一心想找到自己的族人和亲人。他准备了一些钱，背了一个花眼背斗，手拄一根拐杖，戴一顶草帽，脚穿一双草鞋，身穿羊皮褂子，踏上了回老家的征程。他日行夜宿，翻山越岭，经过了好几个春夏秋冬，终于到达了文县白马峪河的寨科桥。

他回到寨科桥的时间，正是一年一度的白马人过大年的时候。白马人把春节看得比什么节都重要，一般说是小年大十五，正月十五火把节，是迎接五谷神回家，迎接先人老爷回家，正月十六是跳池哥昼的日子。他赶到的时间正好是正月十六，寨科桥的池哥昼已经跳到麻子坎上送鬼神，寨子里的人说什么也不让他进寨子，他硬要进村，人们还打了他。白马人的规矩是送神时，不允许任何人进寨子，认为进村会把邪气带进来，只能向离开村庄的方向走，意思是把邪气带走了，寨子里的人来年一定顺利，风调雨顺。秦州客在外几十年，语调也变了，人也老了，寨子里的人根本就认不出是他。他再三解释，人们才回忆起他，让他进了村。这时，他钱花光了，没有什么送给乡亲们，就跟着池哥昼跳舞，每到一家就给户主拜年，说吉利（吉言），……秦州客跳毕池哥昼后就去世了，寨子里的人把他安葬了。

后来人们为了纪念秦州客，把他跳的动作、唱词和拜年说的吉利话，完全融入寨科桥的池哥昼当中，每逢过年跳池哥昼时都要装扮成一个秦州客。秦州客是寨科桥人，只有寨科桥才有，其他村寨没有，传至现在仍然保持着原状。[12]

池哥昼面具，特别是池母面具的完全世俗化，知玛、秦州客角色的出现，大致都发生在清代后期。这一时期，池哥昼进一步完成了本土化改造和重构。苯教色彩和娱神功能在不断淡化，地域色彩和娱乐功能得到了强化，由于池哥昼呈现出驳杂的文化信息，并夹杂着白马藏族群众复杂的民族感情，以及研究者的本位情绪，导致在学术上至今争议不断。

2008 年 6 月，"傩舞——文县池哥昼"被国务院列为第一批国家级非物质文化遗产扩展项目名录，传承保护工作不断加强，池哥昼也逐渐从文县的白马山寨走出大山，展现于大众的视野当中。当前，随着池哥昼传承人队伍年龄老化，年青一代要么在外工作，要么外出打工，出现了传承断层的倾向。池哥昼作为当地民俗文化的典型代表，不仅希望能够很好地传承下去，也希望在学术研究方面不断深入，并取得丰硕的成果。池哥昼不仅仅是白马藏族的，更是中华民族共同的非物质文化遗产，做好传承保护工作意义重大，是时代赋予我们的历史责任。

参考文献

[1] 拉先. 白马藏族朝盖神舞研究 [J]. 西南民族大学学报（人文社会科学版），2021（07）：109-116.

[2] 崔峰. 白马人"池哥昼"的原始崇拜和历史渊源 [J]. 北方民族大学学报（哲学社会科学版），2009，5（89）：88-92.

[3] 长赟. 文县志（光绪二年）[Z]. 甘肃文县：政协文县委员会，1984 年 4 月 5 日翻印，75-76.

[4] 长赟. 文县志（光绪二年）[Z]. 甘肃文县：政协文县委员会，1984 年 4 月 5 日翻印，77-78.

[5] 长赟. 文县志（光绪二年）[Z]. 甘肃文县：政协文县委员会，1984 年 4 月 5 日翻印，82.

［6］杨士宏，华青太．白龙江流域发现的苯教文献及其文化信息［J］．北京：中国藏学研究会，中国藏学，2009（03）：109.

［7］祁殿臣．卓尼县志［Z］．兰州：甘肃民族出版社，1994：741

［8］宁学艺．迭部县志［Z］．兰州：兰州大学出版社，1998：829

［9］张益琴．中国白马人文化书系歌曲卷［M］．兰州：甘肃人民出版社，2015：227-228.

［10］拉先．白马藏族朝盖神舞研究［J］．西南民族大学学报（人文社会科学版），2021(07)：110.

［11］司马迁．史记·西南夷列传第五十六［Z］．上海：中华书局，1959：2991.

［12］邱雷生，蒲向明．陇南白马人民俗文化研究故事卷［I］．兰州：甘肃人民出版社，2011：267页-269.

班保林｜文县入贡山"池哥昼"

一、池哥昼的组织过程

入贡山"池哥昼"是本村村民为除妖降魔并祈祷当年大的（大人）无难、小的（小孩）无灾、五谷丰登、六畜兴旺而表演的"社火"。为了确保池哥昼每年能够顺利进行，村里专门选定有"会首"（"会首"由上街、下街各一户出任，按房屋位置轮流当值）。"会首"要在头年除夕前向每户人家凑一

班保林，甘肃文县铁楼人，藏族，文县非物质文化遗产保护中心主任，市级非遗传承人。

升黄豆，尔后所得，用于过十五"池哥昼"所需的香、蜡、纸、火药、祭祀用羊和十四、十五两天的"池哥昼"人员早饭开支等费用。

二、抽选池哥昼的队伍

正月初五晚上，"头人"和"会首"召集全村人在烤街火的场地，抽选"池哥"的人员，确定跳"池哥"老大、老二、老三、老四，"池母"老大、老二，"知玛"、锣鼓手、炮手人选，之后各自准备服装和池哥面具头上插的锦鸡尾。

三、扮妆过程

正月十四早上，上街的"会首"做好早饭，炮手连放三声炮，"池哥昼"队伍即吃早饭，然后开始扮妆。四位池哥头戴木雕面具：老大是三眼神面具，反穿羊皮袄，扎一个羊皮尾巴，腰系黑色绵羊毛线织的腰带，身带一串铜铃，脚穿番鞋（牛皮作底、羊毛织的毛料作面，上面还有绣着带"米"字的花瓣）。面具头上插着五支锦鸡尾羽和五彩纸折叠的扇形"码头"，背面挂红布。舞手一手持牦牛尾，一手执剑或戟。装扮好之后，炮手连放三炮，便在鼓、钹、锣的伴奏下进行表演。表演基本动作为三步一转，牦牛尾和剑（戟）大幅度挥扬，面具自然摆动，神情威武庄严。在转弯和宽敞处来回跳动叫"玛够尼"。村里的男女老少穿着白马民族的节日盛装紧跟其后伴唱。

谁扮池母老大，池母就在谁家中扮妆。池母身穿艳丽的百褶衣裙，头缠青丝黑帕，胸前佩戴银牌或鱼骨牌，脚穿番鞋（用牛皮作底，麻布作面），头戴菩萨面具，面具后挂红布。装扮之后，便跟池哥一起跳池哥昼。池母的基本动作是，双手在腰间按一下，又伸起合并，如此反复进行。

谁扮知玛的主角，就在谁家扮妆知玛。知玛由3人表演。知玛不带面具，却全部脸抹锅墨，男像头戴草帽。草帽上面钉有五彩折叠纸，身穿烂毛水毯，一手持拐杖，一手拿扇子，脚穿破烂草鞋，说话、唱腔均为川腔。女像脸抹锅墨，头系青黑丝帕，丝帕上面缀象征鱼骨牌的圆形萝卜片，戴耳环，手持牦牛尾巴，脚穿破凉鞋；小孩也是脸抹锅墨，穿着方面男儿与男性大人一样，女儿与女性大人一样。装扮好之后，便口喊三声"噢啊呼呼"，出门跟在池哥、池母后面。男知玛还负责给池哥带路。此时，整个池哥昼队伍便聚集在跳火圈舞的场地之中。

四、池哥昼队伍表演过程

池哥昼表演开始，先从村东头跳到村西头，又返往东头，再从村东头第一家开始，依次逐户表演。池哥一进院子先跳三圈，然后炮手一声炮响，知玛"噢啊呼呼"地叫着，便进门表演。池哥先在屋内跳转一圈，池母才能进屋。因东方为大，池哥老大在东面坐，下位依次为老二、老三、老四、池母。任何人不允许和池哥一起平坐，都在下位侍候。乐队坐下位，几个知玛便在门上与来自各处的亲友和村子的人们逗笑。

池哥入屋，首先由族长致祝酒词，白马语叫"朝伟德"。祝酒词的意思是敬天、敬地、敬神，四位池哥给我们带来了吉祥、幸福。祝词结束，开始给池哥敬酒。敬酒时，由老人或歌手领唱，众人合唱，唱词有：

小义高勒少窄勒　　跟改德木扎失伟

动俄拆搜少窄勒　　让俄让俄少窄让

叶日赛劳扎爱勒　　改买让不的勒热

扎阿让不的勒热　　宅色台木的勒热

沟杰贝德血罗热　　买不杰德杰这热

敬酒完毕，池哥老大便祝福全村人和主人家平安喜庆。此时，男女对唱开始，站起来给池哥、池母敬酒，又给亲朋好友和来客们敬酒。然后知玛说一声"这午周""尼枪柏"，意思是打鼓放炮。炮声一响，池哥老大手拿点燃的纸香柏枝，随鼓声而出，把主人家的灾难、疾病和是是非非带走。而此时，知玛则在门槛上边敲门框边说吉利话：

一送财门大大开，二送荣华富贵来，

三送金银并头大，四送四季大发财，

五送五弟早登科，六送文武状元来，

七送七弟七仙女，八送八仙过海来，

九送九子十二满，十一要说摇钱树，

十二要说聚宝盆，摇钱树聚宝盆，

早落黄金、晚落银。

初一早上见四两，初二早上见半斤，

初三初四不许见，二十四个元宝滚进门，

滚进不滚出，滚到某某定的本堂屋。

话说完毕，便进门拜年。词为：

一拜天、二拜月，一年出头十二月，月月保平安；

一天一夜十二时，时时给你家降吉祥；

掌柜的长着一对好眼睛，顿顿不离麻饼子和点心；

掌柜的长着一个好鼻子，顿顿不离猪蹄子；

掌柜的长着一个好脖子，出门骑马压骡子；

从今我们三位大客走过后，老的增福增寿，

小的寿命延长，男孩女孩关煞顺利，

痘痘稀少、恶人远避、贵人相逢、脚踏十方、方方大利，

所有的三灾八难，赶出三千门外。

随后，知玛便向主家要盘缠（馒头），意思是为主人带走灾难。接着知玛点烧香纸出门，整个表演结束，池哥昼队伍便进入第二家。

逢本村头人家或比较有威望的人家以及会首家、祖辈池哥、池母跳得很好的人家，就延长时间，或池哥表演"秋昼"，或池母表演擀面，知玛表演阿里改昼（狩猎过程），炮手放炮时，出进门各三炮。"秋昼"即两位池哥，在屋里拜五方、拜天地，动作有：面对面、背靠背、

肩并肩，抱在一起拜五方，脚尖对脚尖，膝盖对膝盖等。"池母擀面"就是表现用手擀面的整个过程，饭熟之后喂给池哥吃。

知玛"阿里改昼"的过程是斗兽。通过动作，他（她）们之间比才能，比本领，一个夸一个的美，一个跟追一个，炮手鸣炮一声，小知玛装作倒地，然后是分割猪肉的动作，这些都是为了祝福平安吉祥。

池哥跳到会首家中，会首家要招待，吃主食，整个表演队伍每人一个馍。

第一天，当整个活动超过本村寨半数人家后，便到公共场所跳火圈舞。火圈舞是整个白马山寨男女老少和来自各处的亲朋好友聚集一起与池哥共跳的欢乐舞蹈。火圈舞完毕，已近子时，池哥昼便开始送瘟神活动。先送天神到村子的上面，这时，池哥、池母、知玛和村寨的年长者以及青年们跪在一起（但女性不参加）烧香纸、问卦，完毕，全部口喊三声"欧伟"，连放三炮，就起身向下村走去。至村中十字路口，池哥、池母连跳三转又连放三炮，就在村子出口处送瘟神。这时，妇女们在村口唱，男性跟随池哥、池母在村子下面烧香纸送瘟神，取下面具唱着回家，整个男女老少又到烤街火处跳火圈舞，一直歌舞到鸡鸣。

第二天到正月十五了，下街的会首又准备好早饭，炮手们又连放三炮，就知道又吃早饭了，这天跟头一天基本一样，但送神时增加了草船。草船预先做好，放在村子中央，会首给每家发一面小旗子，到晚上每家人就把旗子插在馍馍上，再插上香、蜡点燃，放在草船上，意为带走三灾八难。这天，池哥昼又从村东到村西依次挨户跳毕，又到村子上面去送天神，下来之后在放草船的地方跳三转，四人将草船抬放到烤街火的一角，杀羊祭祀，然后送瘟神。送瘟神时，池哥走在后，草船在前，女的在唱，男的"噢噢"狂吼，一直到村子入口的下面，池哥、池母、知玛都围在草船的周围，取下面具和五彩叠纸，锦鸡尾等。这时问卦的人和头人就给池哥、池母、知玛、锣鼓炮手发馍，最

乡傩虽陋亦争看

后烧掉草船和池哥头上取下的五彩叠纸、锦鸡尾，口喊三声"欧伟"，又连放三炮，整个仪程结束。在回家的路上唱春耕生产开始歌：

年来十五过毕了，背上背篓上坡了。

绵各条的背头系，说不出的哑巴气。

第三篇

忽闻岸上踏歌声

    文县白马山寨的藏族群众，视自己为传说中英雄人物阿尼嘎萨的后代，在与外族产生冲突的生死存亡之际，一只白色雄鸡唤醒了沉睡中的族人，最终保卫了山寨，保住了族群。为了庆祝胜利，大家围着篝火，跳起火圈舞。从此，沙嘎帽上飘动的白羽毛，成为了白马山寨的"族徽"和代表性象征。

    白马山寨的藏族群众至今仍然信奉"万物有灵"的观念，他们崇拜日月星辰、风雨雷电、江河湖海、动物植物，保持着人类几千年发展的童心和初心。在白马山寨藏族群众的思想意识中，火是光明之神，点燃篝火，燃起火把，能照亮黑暗，带来希望；火是圣洁之物，经燃烧留下的柴灰和锅烟墨，能驱灾辟邪，保佑平安；火也是家庭保护之神，白马山寨处于高寒阴湿地区，过去家家都有火塘，烤火取暖，煮饭烧水，休息睡觉都在火塘边，火塘里都放置一个铁三脚，不准任何人横跨或踩踏火塘和铁三脚，否则就会触怒火神和灶神。

    当山林或山寨发生火灾时，白马山寨的藏族群众认为是火神在发脾气，各家各户都要在火塘边点香供品祭拜火神，祈祷火神不要降下灾难。野外生火，一定要用土掩灭，不能用水或尿，否则火神会找麻烦。每年正月初一至十五，要在火塘边燃香敬拜火神。从腊月初八开始，最晚至正月十七，每个山寨的男女老少都要聚在一起，围着篝火载歌载舞。正月十五迎火把，迎接五谷神，将火圈舞推向高潮，堪称是火的狂欢节。

火圈舞，承载着白马山寨藏族群众的历史和信仰，展现了古老氐羌民族原始的崇火文化习俗。

盖车

跳火圈舞时，男女老少手牵着手象征坚固的城池。舞蹈中途女性退场，男青年则开展一项称作"盖车"（攻城）的游戏，守城失败者，则会受到惩罚。"达嘎盖车"的歌声悠长而雄浑："白马城是什么城？白马城是铁铸的城。过去跳的地方是这里，过去舞的地方是这里。"

文县白马山寨的藏族群众所谓"白马城"，即今文县城关镇西园村，古称曲水。为两汉与北魏之间氐羌所建，曰阴平大城。西魏废帝废阴平国（553），始置文州。北周明帝二年（558），以葭芦郡置文州。隋炀帝大业三年（607）废州复郡，今文县境内长松、曲水、正西三县改属武都郡。唐高祖武德（618—626）初，复置文州，移治曲水。唐德宗建中三年（782），移州城于麻关桥谷口高原上，即今文县城区"上城"。从唐高祖武德初年至唐德宗建中三年的150多年，白马城（曲水）一直是文州治所。

"村寨再大是村寨，城池再小是城池"，"盖车"游戏表达了白马山寨藏族群众对故地的思念之情。

B

禁忌

　　白马山寨的池哥昼、麻昼，有着严格的禁忌，角色只能男性扮演。而火圈舞却没有男女禁忌。歌曲"奥司唠"唱道："远古时我们就在这里跳，远古时我们就在这里欢乐，街火不吹自己燃，小伙子不叫自己到，姑娘不请自己来，今天自由自在地跳唱。"

白马山寨迎火把　毛树林/摄

歌曲　舞步

火圈舞的歌曲十分丰富，每首歌都有固定的演唱形式及舞步、动作，有的是合唱，有的是对唱；有的舞步平缓，有的舞步快速；有的动作柔美，有的刚劲有力。

白马山寨有一句老话："眼光不长远的人，永远长不大。"过去，白马山寨大多数藏族群众都生活在贫困之中，但他们并没有因此丧失对生活的信念，而是坚信只要通过辛勤的劳动，就一定能够过上幸福的日子。今天白马山寨的面貌发生了历史性的变化。不论是逢年过节，家逢喜事，还是接待亲友，迎送宾客，藏族群众都会敬上美酒，大家一起唱着白马歌曲，手拉手跳起火圈舞，欢声笑语充满白马山寨，让人心潮澎湃，流连忘返。

火圈舞　班保林/摄

第
四
篇

此曲只应天上有

　　文县位于甘肃南陲，地处秦巴山地汉藏边缘地带。远在新石器时代中期，这里就有人类繁衍生息。据考古发现，文县境内分布有多处马家窑、齐家、寺洼等文化遗址。商周为氐羌部落所居，历经两千余年的历史变革和民族融合，目前境内有汉、藏、回、满、羌、壮、朝鲜等 13 个民族。各民族在生产生活、文化交融中，流传和创作了大量的民歌（山歌），是当地民俗文化"大观园"中一种优秀的艺术样式。

　　文县白马山寨的藏族群众，可谓无人不歌，无处不歌，无事不歌，无情不歌，走进白马山寨，就走进了歌的海洋，歌的世界。白马人民歌总体上分为两大类，一类是先祖流传下来的勒类歌，这类歌有固定的曲调、固定的歌词、固定的用途，甚至还有固定的演唱时间；另一类歌有相对固定的曲调，歌词有传下来的，也有即兴创作的。白马人民歌从用途上分，主要有敬酒歌、劳动歌、舞蹈歌、祭祀歌、婚娶歌、休闲歌、情爱歌、山歌和其他歌。白马人民歌曲调丰富，经采录识别的就有 170 多个。唱词多用白马语，内容包含他们对历史、社会、文化、自然现象、生产生活

的认识，是民族学、人类学、社会学研究不可多得的"活化石"。

文县山歌分布广泛，千百年来，世代生活在大山褶皱中的村民，唱山歌成为生活中不可缺少的内容，以歌言情，以歌抒臆，以歌记事，以歌鼓劲，以歌解愁，以歌喻理，以歌育人。无论是田间地头春耕夏锄、收割打碾的劳作，还是上山采药、放牧、砍柴、打猎的活动，人们无时无刻不唱山歌，传世的山歌数以万计，全面反映了当地的历史风云、生产生活、民俗风情和文化习俗。

白马人的"诗经"

　　"勒"歌是白马山寨在婚礼、祭祀等仪式中传唱的一种古歌，被称作白马文化的"诗经"。"勒"歌的语言并不是白马山寨藏族群众现在日常生活中使用的语言，而是从古代流传下来的，类似于汉语言中的古汉语，即使白马山寨的"勒贝"（会演唱"勒"歌的人），也不完全清楚歌词的含义，大多数人已经基本听不懂。"勒"歌的曲调悠扬婉转，旋律起伏有致，具有鲜明的民族特色和地方风格。"勒"歌的歌词内容丰富多彩，涵盖自然、劳动、宗教等多个方面。演唱形式则以对唱为主，一方提出问题，另一方回答问题，在不同的场合和情景下，营造出一种与之统一和谐的浓厚氛围。

　　在白马社会中，有名的"勒贝"得到了当地族人的高度尊重，人们在求神祭祀、婚丧嫁娶、休闲娱乐等活动中都有"勒贝"参加。在民间的文化生活中，"勒贝"拥有很大的话语权，是很多仪式的组织者和操作者。[2]

B

楚些

史书将汉时分布在今甘肃南部，四川西部、南部和云南，贵州一带的少数民族总称为"西南夷"。屈原流放之地的少数民族，也属于西南夷的范畴。沈括《梦溪笔谈》卷三云："《楚辞·招魂》句尾皆曰'些'，今夔峡湖湘及南北江獠人，凡禁咒句尾皆称'些'，此乃楚人旧俗。"屈原创作《招魂》篇，受楚地民歌影响，因通篇句尾使用"些"，被称为"楚些"。白马人民歌中的"些"字，均居句尾，作为韵脚，有时具有语气助词的作用，有时则为动词，使得整句成为宾谓倒置的形式，这与白马语主谓宾句子结构的特点正好一致。

例如《萨尕》歌词：

希马绰歪乌哩些，盖来哩畏波哩些，

青白马背绕乌些，捏勾马弊绕白些。

白马人民歌可谓"楚些"这一古老诗歌体裁的活标本。[3]

白马人民歌《招魂曲》歌词：

东方的魂，回来吧；西方的魂，回来吧；

南方的魂，回来吧；北方的魂，回来吧！

东方不是你逗留的地方，魂，你快回米！

南方不是你逗留的地方，魂，你快回来！

西方不是你逗留的地方，魂，你快回来！

北方不是你逗留的地方，魂，你快回来！

这与楚辞的风貌非常接近，具有较高的文学艺术价值。

文县山歌

文县山歌种类丰富多彩，歌咏内容包罗万象，可分五个种类。

生活歌 这类山歌约有一两千首，每一首都是山民们生活的真实写照。经历长期的封建社会，对累积的世道不公、社会黑暗、村民生活困苦的状况，村民用山歌无情鞭挞。对个人生活的不幸，则倾诉出无奈和忧伤。代表作有《世人穷人有一层》《没得房住占草棚》《妈妈养的可怜女》《十八姐来三岁郎》《我在婆家受熬煎》《光棍汉的人难活》《命苦一春又一秋》等。

情歌 情歌是文县山歌中最为精彩的部分，其数量超过其他各类山歌的总和，至今传承下来的至少有1万多首。这类爱情山歌主要反映山乡青年男女之间难以割舍的思念、依恋。代表作有《郎是太阳刚出山》《贤妹是朵牡丹花》《郎不招手妹不来》《十七十八正贪花》《缠不上贤妹心不甘》《哪个贤妹不招郎》《郎是妹的心上人》《郎的胳膊妹枕上》《宁舍身体不丢郎》等。

劳动歌 这类山歌约有五六千首，主要反映山乡农民的生产劳动，庄稼人的辛苦。代表作有《最忙要数庄稼人》《都说农人苦断肠》《小麦出穗正扬花》《高高山上种苦荞》《能把石头变良田》《万担汗水一粒金》等。

劝勉歌　这类山歌主要劝勉青年男女、夫妻之间应该正确对待婚姻、家庭、生活，信守道德理念，树立正确的爱情观、人生观。劝勉青年男子莫要沾花草，女子莫要背叛丈夫；劝勉做人要做真君子，要孝敬父母，邻里和睦；同时还劝勉男人莫耍赌，女人莫懒惰；劝勉人们要爱护大自然，保护生态环境。这类山歌约有一千多首。代表作有《路边野花嫑去采》《你连我了嫑连她》《万世嫑打你婆娘》《劝郎好好把家当》《你的孝心有几何》《我劝小郎嫑耍赌》《禁毒还要靠大家》《为人要为真臣子》《劝郎嫑打林中鸟》等。

时政歌　这类山歌都是后起的，多为新中国成立以来创作的山歌。从这些山歌中可以看出新中国成立以来所走过的道路，以及一些重大的历史事件等，譬如土地改革、朝鲜战争、改革开放、"5·12"抗震救灾、精准扶贫等。代表作有《白里夜里盼红军》《劳动人民翻了身》《土改到了每个村》《抗美援朝保家哩》《改革开放就是好》《实行承包责任制》《总书记视察来陇南》《全国人民心宽怀》《帮扶队员进山来》等。

作为民间文学的一种体裁，文县山歌在简单的句式中蕴含多种修辞手法，包括比兴、比喻、比拟、夸张、拟人、排比、重复、借代、映衬、顶针、双关等，丰富了内涵，绘饰了形象，加强了语势，升华了感情，从而大大增强了山歌的艺术表现力。从语言学角度看，地方方言是山歌的载体，文县方言在文县山歌中发挥了标识作用。文县山歌既是文学艺术，民俗源泉，也是难得的方言语料，具有多方面的学术价值。因此，有必要给予文县山歌深入的关注和研究。[4]

勒贝余林机，国家级非遗传承人　班保林/摄

飘动的白羽毛　毛树林/摄

一路走，一路唱　班保林/提供

白马姑娘　班保林/提供

一夜征人尽望乡

第（五）篇

卫所制度为明朝的主要军事制度，体现了一种寓兵于农、守屯结合的建军思路。明自京城达于郡县，皆设立卫、所。卫、所分属于各省都指挥使司管辖，各省的都指挥使司又由中央的五军都督府分片管辖。一般5600人为一卫，一卫设左、右、中、前、后5个千户所，各1120人。千户所之下又设百户所，百户所之下又设总旗、小旗。

明洪武六年（1373），文县设守御千户所（治所在今文县城区"所城"），隶陕西行都司。洪武十五年（1382），改隶秦州卫。洪武二十三年（1390），裁县归所，省入阶州。洪武二十八年（1395），设置文县军民守御千户所。根据明嘉靖二十六年（1547）张雨著《边政考》的记载，文县守御千户所管辖地域东至青川千户所界二百里，西至古扶州（今四川九寨沟县）羌界二百里，南至生番五十里，北至阶州界一百五十里。管辖关寨堡二十二处，即临江关、临江堡、玉垒关、梨树堡、新关堡、哈南寨、东屯寨、松平寨、大黑堡、镇羌寨、旧关堡、柳原堡、铁炉寨、烟雾寨、石鸡屯寨、竹园堡、阴平寨、阳汤寨、楼舍堡、阳汤屯寨、九原寨、九原堡。管辖隘口四处，即草坡墩、尖嘴墩、毛工墩、哈西墩。墩二十有七，墙无。千户所有总巡官千户三员（一巡南路，一巡北路，一巡中路），防守官十一名（一驻阴平，一驻梨树，一驻松平，一驻大黑，一驻镇羌，一驻哈南，一驻铁炉，一驻阳汤，一驻楼舍，一驻九原）。官军原额马步二千四百八十一名，除过逃跑的，见在各寨堡九百三十二名，冬操馀丁七百八十九名，轮班见操屯种旗军二百五十名，留城二百七十名。马原额见在一百五十匹。民运原额粮银二千一百两，本所额班屯粮四千六百六十四石，草六千九百九十六束，新增屯粮五百一十一石五升，屯草六百一十一束。布一千五百八十六匹，棉花一千三百二十二斤。阴平寨，防守官军七十三名，马一匹，粮草无。梨树堡，防守军官八十七名，马一匹，粮草无。镇羌堡，防守军官八十七名，马一匹，粮草无。松平寨，防守军官八十四名，马一匹，粮草无。大黑堡，防守军官一百四十名，马一匹，粮草无。哈南寨，防守军官一百一十七名，马一匹，粮草无。铁炉寨，防守军官一百六十六名，马一匹，粮草无。阳汤寨，防守军官四十四名，马一匹，粮草无。楼舍堡，防守军官四十四名，马一匹，粮草无。九原寨，防守军官八十二名，马一匹，粮草无。新关堡，防守旗军七名，粮草、马匹无。旧关堡，防守旗军一十七名，粮草马匹无。

夜春官

哈南寨是文县古时"四大边寨"之一，控扼甘川，界分汉夷，群山高耸，壁立千仞，深壑峡谷的特殊地理环境，成为守卫古阴平的西部天然屏障，守可拒敌于关外，攻可远达松潘。据传自元末明初始，村民头人郭乡约率众协同朝廷，为防范番夷滋扰，扩村落，建城廓，筑城墙，修碉楼，造土炮，兴兵防，一度名满川甘，威震四方。直到清雍正年间，甘川两省仍然实行"武营会哨制"，会哨地点设文县哈南寨和南坪（今九寨沟县）回龙城，轮流举办，每三年一次，双方表演跑马，射箭，比武，走阵图，举石锁、石墩和玩转秋等各类军事体育活动。参加人员为地方最高军事长官、武装首领及"会哨"东道主一方各村各寨的汉藏群众，参与表演的人员均为戍守将士和当地豪勇。

哈南"夜春官"，是源于"会哨"表演的一种民俗文化活动。春节期间，村民在夜晚观看"将士"骑骡马巡游，又称"马社火"。2011年，哈南"夜春官"被陇南市政府列入第二批非物质文化遗产名录。

"夜春官"最为鲜明的特色，是它独特的表演形式。人人穿戏装，骑骡马，各显神通，上街巡游。具体表演方式是几个人，或十几个人为一组，表演一个"主题"。表演的内容大多是神话传说、民间故事，如八仙过海、哪吒闹海、牛郎织女、白蛇传、西游记、封神榜、天仙配等。"夜春官"的表演者，老少皆可，男女均宜，年幼者有几岁孩童，年长者有白发苍苍的老人，但大多数是风华正茂的青少年。"夜春官"

街头巡游时，两人一对，一人骑骡马，一人牵缰绳，一对接一对，连成一条浩浩荡荡、蔚为壮观的长龙阵，令人目不暇接，叹为观止。"夜春官"表演时间，为每年正月初三至十五，每天下午 4 点多至傍晚。吃过午饭，社火队员便开始紧锣密鼓地准备，化妆、身穿戏装、收拾道具等，同时为骡马、毛驴喂足草料。下午 4 点多，"夜春官"便开始上街巡游，一直持续到夕阳西下，夜幕降临。

哈南村共有 6 个合作社，从正月初三开始，每社一天，轮流表演。一轮结束，又从头开始。正月十五为"夜春官"表演的最后一天，全村 6 个社的"夜春官"队伍汇聚一起，共同表演，身着戏装、手持道具的 100 多名社火队员，人人骑着披红挂花的骡马和毛驴，沿全村 3 街 9 巷巡游，边巡游边演唱。欢笑声、锣鼓声、鞭炮声，沸腾了古老山村，展现出了传统民俗文化历久弥新的独特魅力。

文县石鸡坝镇哈南村夜春官　刘启舒/摄

B

担担灯

相传是清代同治三年，湘军伍字营在哈南寨设防屯兵期间，军中将士与哈南寨村民新春联欢时表演的节目，其最大的特点是将民间音乐、舞蹈同戏曲融合在一起，唱腔丰富，幽默风趣，唱词脍炙人口，乡土气息浓厚。表演时，先由"笑和尚"（驯耍狮子者）带领一对狮子拜东、南、西、北四门，然后摆阵表演各种动作，接着所有演员入场依次表演：先出场的是社戏官、报子和卖膏药的丑角三人；社戏官头戴礼帽，身穿长皮大衣，手拿竹篾扇子，配合有节奏的锣鼓漫步转圈、高吟喜声（吉利辞），内容多结合政策形势和恭贺对象，要求做到恰如其分。然后，反穿短皮袄、腰插令子旗的报子和头戴高帽、手摇梆榔鼓的卖膏药丑角二人分别和社戏官来一段诙谐有趣的一问一答后，社戏官退场。担担灯主角挑担货郎、老伴婆以及拿花小姐配合自制中胡（在二胡基础上改进而成）伴奏的群声唱调，有节奏地踏着"十"字步，沿着表演场地转圈。表演担担灯时，要执花灯，以烘托喜庆祥和的气氛，花灯用竹篾制成，上糊书画作品或者剪纸图案，有牌灯、鼓灯、鱼灯、宫灯、船灯等。

担担灯演出的时间，一般是从正月初四开始到正月十五结束，通常在晚间进行。表演队先在本村公共场所耍官灯演唱，而后由灯会组织下帖到各家，依照拟定的次序到村民家中演唱，之后再出寨到方圆近百里的村寨去演唱。

Ⓒ

中寨龙舞

在中华民族的文化传统中，龙是吉祥、尊贵与勇猛的象征。文县中寨龙舞，又称"龙灯舞"，兴起于甘肃文县中寨镇兴隆村（古称镇羌寨），为明初军屯戍边的赵氏家族，集山西、陕西、四川等地舞龙艺术之精髓，创新出了"镇羌寨舞龙四十八阵"，并将其编成书籍流传后世。然而，随着时间的流逝，这部珍贵的历史文献不幸遗失。幸运的是，赵氏后世传人凭借记忆与口述，整理出了"兴隆舞龙二十阵"，使得这一传统艺术得以延续至今。

中寨龙舞以其雄壮霸气、精彩纷呈的表演而著称。舞龙时，龙身由多人共同操控，随着鼓乐的节奏起舞，时而盘旋上升，时而俯冲而下，动作流畅而富有力量感。龙灯制作精良，色彩鲜艳，龙头栩栩如生，龙眼炯炯有神，仿佛真龙在空中翱翔。中寨龙舞的表演阵法丰富多样，如"二龙拜主""孔明接书""药王点眼""八仙过海"等，这些阵法环环相扣，使得整个表演更加引人入胜。

文县中寨龙舞作为一项宝贵的非物质文化遗产，不仅承载着当地民众对美好生活的向往和祈愿，更是中华民族龙文化在陇南大地的璀璨展现。

中寨龙舞　中寨镇政府/提供

邊政考

攄明嘉靖刻本影印

國立北平圖書館
善本叢書第一集

引邊政考

大引

雨曰雨當悟言兵事者哉

聖人在上殷弼左右虛吸陰陽納群動於壽域使千百禩不月
有兵形

聖人意也乃為使於譚惲甚美造化人事不齊蓁榛梗塞不餙
已艾東之法然後

聖世始有兵事茍戎獗犹廣周莫見危道毒天下哉西事方棘
泰紛未廓

聖未有靈也長顧者慮其所緯雖狂言藝罔遺擇為廣
忠集思用裡願算去有一得咸不月閒若懼其後而恐月閒

不有為歷哉司馬部仰切
祇承月紓

聖人奸憂谷院劉御史戔造邊政御史戔周疆圉耳見之司敢不

聖人奸憂敢月不敏辭乃橡諸司獵徒遺月遡其初匯綜議曰
綜其緒諏衆識曰剖其貳蓋得四鎮見聞籍之月復院劉劉
曰圖則為之圖圖也者地載之形也則籍形勝劉曰毀道
里修近之實月諏策援則籍至到術曰毀關隘衝綬之實
昃貧籌料則籍要害劉曰毀諸司職掌之實月酌盈縮則
籍部領劉曰毀士馬糗糧之實月酌盈縮則籍兵食劉又
曰毀古今經略之實曰榷利病度因革則文籍經略右乃

明　张雨《边镇考》　（来源于网络）

文县城西磨碾子坪烽火台　罗愚顿/提供

文县石鸡坝镇哈南村西京观壁画　班保林/摄

文县石鸡坝镇薛堡寨村毛安城遗址　杜国庆/摄

【清咸丰九年，南坪（今四川九寨沟县）罗依寨欧利聚众起事，攻占了南坪营城。同治三年，四川总督骆秉璋派总兵周达率领湘军武字营平叛。武字营在薛堡寨筑毛安城。】

第六篇

漂泊西南天地间

文县地处甘肃省最南端，是甘肃的"南大门"，有"巴蜀咽喉、秦陇锁钥"之称，占据"一脚踏三省，鸡鸣甘陕川"的独特地理位置。明洪武年间，山西、南京等地移民屯田戍边，充盈县域人口。山西洪洞大槐树是汉族群众遥远的故乡记忆。明洪武六年（1373），金陵移民落户在石坊镇新关村等地。洪武二十七年（1394），文县千户张嘉激变，平羌将军宁政讨伐，后随军者多留居文县。

　　历史上，碧口及其周边的山区为羌氏等少数民族繁衍生息的地方。羌氏等少数民族生活在高半山区，垒石为屋，上盖石板或树皮，主要以农业和狩猎为生，生活方式比较原始。明朝时期，碧口一带陆续迁入汉族人口，至今有"湖广填四川，四川填碧口"之说。

　　根据张锡田先生《古镇考录》记载，碧口是白龙江通航之后逐渐繁荣起来的，在清乾隆朝以前，仅有冯家坝十几家茅舍，名不见经传，唯依江而上的白水江与白龙江合流处的玉垒关，史不绝书，被前人誉之曰"天开一堑锁咽喉，控制西南二百州"。四川来甘肃的舟楫在距碧口20千米的中庙行店，后迁移至肖家坝的旋滩，乾隆初年迁至碧口，至此，碧口成为繁华兴旺的水陆码头。碧口是巴蜀文化、秦陇文化的交汇地带，方言习俗、饮食习惯、生活形态等都留下了深深的川渝印记。

玉垒花灯戏

　　相传明万历年间，袁氏家族为躲避战乱，从四川迁居甘肃文县玉垒关，同时，把家乡的风土人情以及春节"耍灯"的习俗也带到了文县。袁家有一后生叫袁应登，天生聪明且胸怀大志，又喜爱民间戏剧，上京赶考前给"三官庙"神许愿，如高中则为其塑金身，唱大戏。袁上京应试果然高中，明王朝敕封为"千总"，回乡后即为"三官爷"重修庙宇，塑了金身（铜像），并在庙前新建一座雕花戏楼。戏楼落成时，将四川"花灯"灯曲和文县的民歌小调搬上舞台，为"三官爷"唱戏还愿，于是形成了独具特色的地方戏曲"玉垒花灯戏"。

　　花灯戏本是广泛流行于江西、广西、浙江、湖南、湖北、云南、贵州、四川、陕西等地的一种民间戏曲艺术形式，是由民间歌舞"耍灯"形成的，只是在过年时演唱的一种社火小戏，不同地区也有不同的叫法。甘肃叫"闹社火"，别的地方称"跳灯""耍灯""灯戏""灯夹戏""花戏"等。花灯戏因来自民间，剧本人物少，情节比较简单，唱词和道白通俗易懂，唱腔则吸收民歌小调特点，欢快明朗，表演活泼风趣，歌舞味很浓，多以表现生活的小喜剧见长，充满浓郁的民间乡土气息。花灯戏在流行过程中因受不同地方方言、民歌、民俗等影响而形成不同的演唱和表演风格。

　　玉垒人每年从农历正月初二开台演出，到正月十六扫台（演出活动结束），或临时搭建简易戏台，或利用农家正房房檐阶台搭台演出。

简易的演出场地，简陋的服装道具，不太专业的演出队伍，丝毫没有影响他们对先祖和神灵的虔诚表达，丝毫没有影响他们对过去生活的追述，对未来生活的向往和对朴素审美的追求。演出和观赏花灯戏成为他们欢度春节的主要内容，也是敬神和待客的主要形式。戏台之上，生、旦、净、末、丑等角色的喜怒哀乐，在岁月的轮回中，愈发闪耀出动人的光彩。戏里戏外，繁简不一的剧情串联起几百年人与神的沧桑故事，寄托着对人寿年丰、六畜兴旺的美好生活愿望，在简陋的舞台之上认真地演绎着百态人生，诠释着世间万象，展示和深化着人神共娱的和谐认识。

文县玉垒花灯戏　班保林/摄

B

车车灯

车车灯，俗称车灯、花灯、车灯舞，是文县碧口及其周边地区流传的一种独特的社火民俗。车车灯最早起源于明末清初，一般在旧历正月闹"花灯"时表演。

车车灯队伍由领班头（负责人）、刷贴人、大班、小班组成。大班包括乐器师 4 人、灯笼手 12 人、领唱曲 1 人、说吉利话 1 人。小班由车子（外形似花桥）、包头（车姑娘）、笑合生（小丑）组成。再加之打锣鼓与帮唱的人，形成了一支庞大的演出队伍。

车车灯与玉垒花灯戏几乎同时产生，现已有四百年的历史。

碧口评书 金钱板

清乾隆至民国年间，由于碧口船帮、商帮大多来自四川，茶馆作为市井经济逐渐兴盛起来。过去，人们在茶馆除了摆龙门阵和商谈事务，主要娱乐活动是听书和欣赏曲艺表演。

碧口评书根据书路和表现手法的不同，有"清棚"和"雷棚"之分（碧口当地称作文案和武案）。清棚以说烟粉、传奇之类的风情故事为主，重在文说，讲究谈吐风雅，以情动人；雷棚以讲史和金戈铁马一类的书目为主，重在武讲，讲究摹拟形容。评书艺人表演时，配合折扇、醒木、手巾等，将世间万物、各种人情世故凭一张利齿演绎得淋漓尽致，使听众如临其境，如见其人。

金钱板又称三才板，一般由单人表演，以说唱为主。演员手持三块竹板击打节奏，配合说唱故事，形式活泼，极富表现力。金钱板除了说唱技巧外，还特别讲究手上功夫，演员凭手中三块竹板，有"风、雷、雨、电"四种打法，既可打出千军万马的雄壮气势，又可打出似清风流水般的委婉深情。一般用"红鸾袄""富贵花""江头桂""满堂红"四种唱腔配合手、眼、身法，表现喜、怒、哀、乐，所以说金钱板的道具看似简单，其功夫非一朝一夕所能练成。

D

土琵琶弹唱

土琵琶弹唱是文县城乡群众，特别是农村群众喜闻乐见的一种娱乐活动，不论是婚丧嫁娶，年关喜庆，还是节日社火，都有专门的曲子演唱，为百姓生活带来了无尽的乐趣。文县历史上有过大量移民迁徙，随着移民的到来，各种民间小曲也流传到这里，特别是山西、陕西民歌和湖广、四川音乐并行流传，与当地民歌小曲融合，逐步形成了文县独具特色的琵琶弹唱。弹唱乐器"土琵琶"，为当地艺人自制，采用上好的椴木等材料制成；伴奏乐器有碟子、竹瓦片、二胡、板胡、三弦等。表演形式分自弹自唱、一人弹多人唱、多人弹多人唱等多种。文县土琵琶弹唱地域特色鲜明，用当地多种方言演唱，具有浓厚的乡土气息，体现了一种单纯、朴实、风趣的音乐性格。

文县土琵琶弹唱　班保林/摄

E

月调背宫

　　三弦弹唱——"月调背宫"，是流传于文县铁楼藏族乡的一种独特的民间曲艺形式。据文县城关中学原校长王伯岐先生考证，其产生年代应在明朝初年，由山西、陕西迁徙至文县的民间艺人创立并延续至今。

　　三弦用蚕丝弦。老弦发声如鼓、沉雄浑厚，子弦清脆幽遥、如珠落盘。伴"背宫"高腔，如临高山之巅豁达旷远，处深沟峡谷余音流响；伴"月调"之花腔，如游四季美景春风拂面，琴房相会浅吟低唱。弹唱场合庄重，音调高亢，文辞儒雅，叙事完整。

　　三弦弹唱——"月调背宫"，曲牌有九腔十八调、二十四个哼哼韵。演唱时，无论是年节庆典受邀，还是红白喜忧被请，均需八仙桌、太师椅，茶酒果品正厅雅座。弹唱者师徒数人主位排坐，寒暄小酌后摆开架势弹唱起来。东家坐陪位，听众依身份长幼或坐或站挤满庭院静听妙音，不敢喧哗。时至夜晚，更显得琴歌跌宕，激昂悠扬。一把三弦，由师傅主弦主唱。师傅需是男高音三弦手法娴熟者。徒弟中佼佼者可代师傅领班领唱。余者击碟、伴唱、分唱、合唱、问答、道白。听众懂节拍耳熟者亦可和声帮腔，烘托气氛。磁碟清脆、三弦洪亮，亦可加入梆子击节。

　　三弦弹唱——"月调背宫"，其传承仅限于师徒之间口传意授，耳濡心会，既无文字笔记，更无曲谱实录。近年来，工伯岐先生致力于挖掘、收集、整理工作，取得了阶段性成果。

F

洋汤号子

洋汤号子，原名"吼号子"，是文县白龙江支流——洋汤河流域广大劳动人民，在生产生活中吼唱的最原始、最古老的民间曲调。

洋汤河是文县两江八河之一，发源于天池镇黄林沟大山深处，由境内十余处山溪汇合而成，全长 90 余千米，流经两镇一乡，最终在尖山乡河口村与白龙江汇合。

文县天池镇境内的洋汤天池为国家 AAAA 级景区，隐藏在树木掩映的天魏山之中，呈葫芦形，有 9 湾 108 曲，山光水色，浑然一体。周围山峦峻秀，千姿百态，有的如雄狮昂首，有的似骏马腾空，有的像仙女下凡，奇景入目，美不胜收。黄林沟为国家级湿地公园，四季景色都十分迷人。春时嫩芽点绿，瀑流轻快；夏来绿荫围湖，莺飞燕舞；秋至红叶铺山，彩林满目；冬来雪裹山峦，冰瀑如玉。

洋汤号子一般分为搬运号子和农事号子。

搬运号子是在乡间多人搬运东西时（比如木头），为了使步调一致，齐心协力，由一人根据路况走向和操作即兴编词领吼，众人应和，曲调基本固定，声调高亢，雄壮嘹亮，具有很强的号召力和凝聚力。

农事号子是为农作物除草用的号子，又叫"撵锣鼓草"。为了活跃众多人枯燥的劳动场面，由两人一锣一鼓有节奏地敲打。劳动列阵哪一段落后了，就在哪一段的后面敲着锣鼓唱着鼓励或戏谑的歌词，诙谐幽默，生动有趣，使人精神振奋，加快劳作。

洋汤号子唱腔独特，曲种较多，有粗犷、奔放、铿锵浑厚的九声号子，也有悠扬、缠绵、欢快的三五声号子，能够从多角度反映出人们向往美好生活的共同愿望。

20世纪70年代的碧口船运　县史志办/提供

民国时期的碧口茶馆　县史志办/提供

文县玉垒乡巴巴沟的石板房　班保林/摄

第
七
篇

人间有味是清欢

　　文县地接川、陕，东南部一带饮食多带川人风味；西南一带是汉藏杂居的山村，饮食保留了古老的农家风味；县中部一带，东西风味兼有，花样亦多。山村以玉米面为主食，河川则以米面为主，家常主食有米饭、面条、拌面饭、片片子、搅团、面疙瘩、颗颗饭、馄饨、洋芋糍粑等。除此之外，中寨人的黏饭，丹堡人的黄豆面，石坊以上人的罐罐茶，让水河人的豌豆面，中庙、碧口人的豆花面，各具特色，色香味俱佳。白马山寨的藏族群众，自酿的咂杆子酒，醇香爽口。城镇和乡村宴客酒席，碧口一带炒菜多，每席 10 个至 20 个菜品；县中部一带的酒席蒸炒各半，有 9 碗 1 品、10 大碗、8 碗 4 盘，各具风格。

A

咂杆子酒　碧口黄酒

"咂杆子酒"，白马语称"达嘎贝朝"，用青稞、燕麦、苦荞、小麦、糜谷、玉米等五色杂粮酿造而成，所以又叫"五色酒"，也称"泡酒"。白马语称"酒"叫"朝"，称白酒为"朝嘎"，五色酒为"朝玛"，一般酒为"朝夏"。

农历九月初九开始酿酒，酿制的方法是，先将青稞、燕麦、苦荞、小麦、糜谷、玉米等五色粮分别炒黄，掺合在一起，放在一口大铁锅里，然后添入泉水煮熟，晾冷后按比例加上自制的酒曲，盛入酒缸里密封发酵，约两个多月时间，开缸时要举行饶有情趣的开缸仪式。全家老小围坐在一起，家中的长者先从酒缸里取出酒醅，分别向上、向下和四周抛撒，表示敬天神、家神、灶神、土神，白马人称为"过愿"。礼毕，然后全家和客人开怀畅饮。

咂杆子酒的饮用方式同样独特且充满乐趣。饮者会使用"咂杆"（竹管或铜管）插入陶罐中吸取酒液。这种饮用方式不仅方便，还能让人在品尝美酒的同时感受到一种原始的乡村风情。咂杆子酒不仅是一种美酒，更是一种文化的载体。在白马地区，咂杆子酒与歌相伴相生，成为他们生活中不可或缺的一部分。每当逢年过节或亲朋相聚时，人们都会畅饮咂杆子酒，用美酒和酒歌敬尊客和老人。这种习俗不仅体现了白马人的热情好客和淳朴民风，还传承了千年的酒文化。

碧口黄酒。碧口地区农村都有煮黄酒的习俗。采用玉米、高粱、大麦、小麦、糜谷为原料，酒曲由独活、羌活、麻黄、桂枝等 30 多种中草药配制而成，密封发酵一般至少七七四十九天。开坛后，先将酒醅盛入罐中，在开水中浸泡二三十分钟，再从罐中淋出，即可饮用。

白马山寨的砸杆子酒　班保林/提供

B

骨头肉

在白马山寨藏族群众的传统观念中，骨头肉是最高贵的肉食，是招待尊贵客人的必备佳肴，象征着团结、力量和亲情。

骨头肉的制作工艺十分讲究，需要经过多个环节和精细的操作。首选自家饲养的黑猪排骨，将食盐、花椒粉等调料均匀地涂抹在排骨上，然后堆放在容器中，用白布盖住，让其自然发酵和腌制。腌制完成后，将骨头肉挂在通风阴凉的地方烟熏晾干，以便长期保存和随时食用。

食用时，将骨头肉放入锅中煮熟。煮熟后的骨头肉呈现出红艳艳、香喷喷、热腾腾的诱人色泽和香气，让人忍不住想要品尝一口。此时，骨头肉已经变得软烂入味，肉质鲜嫩多汁，轻轻一咬就能脱骨。

晾制骨头肉　班保林/摄

C

石坊罐罐茶

石坊罐罐茶是市级非物质文化遗产代表性项目，展现了文县深厚的文化底蕴和独特的民俗风情。其制作工艺讲究，需用小瓦罐或瓷缸为器，原料包括炒面、鸡蛋、油渣、核桃等多种食材，形成独特的"三层楼"结构，熬制过程中茶香四溢，令人陶醉。

品饮石坊罐罐茶需有耐心，待茶凉却少许后，观其色深沉如琥珀，闻其香浓郁如兰芷，轻啜一口，香甜滑润之感沁人心脾，令人回味无穷。

石坊罐罐茶不仅是当地群众的日常饮品，更是情感交流的载体。无论是家庭聚会还是招待宾客，罐罐茶都扮演着重要角色，传递着人与人之间的温暖与情谊。

豆花面

文县各地的豆花面，做法大同小异，尤其碧口豆花面口感最佳，主要区别是选料和做工精细、独到。制作豆花时，筛选颗粒饱满的上好黄豆收拾得干干净净，然后在温水或冷水中泡胀，用石磨磨成豆浆，滤去豆渣。把豆浆倒入锅中，文火慢煮，把握火候，掌握火功。豆浆煮好后，用酸菜浆水或用卤水点豆花。随着卤水的加入，豆浆凝结成了块状豆花漂浮在锅里，如朵朵银花绽开，洁白细嫩，柔软甜香。煮好的豆花从锅中捞出，放在碗或盆中以备用。随后，在锅里煮上面条，白面、杂面、荞面、黄豆面均可，煮好后捞入碗中，再放少许酸菜，不放亦可，根据各自口味取舍，再将豆花置于上面，一碗豆花面便大功告成。豆花面端上桌，配上小碟红油辣子、拌萝卜丝、泡青椒……色香味俱全，令人食欲大增。

参考和引用资料

一、专著

[1] 李虎春．文县志［M］．兰州：甘肃人民出版社，1997．

[2] 拉先．白马藏族宗教文化研究［M］．北京：中国藏学出版社，2022．

[3] 文县碧口镇志编纂委员会．碧口镇志［M］．北京：中国文史出版社，2022．

二、论文

[1] 徐日辉．武都国述论［J］．民族研究，1987（05）61-66．

[2] 王万平，班旭东．白马藏族古歌调查报告[J]．西北民族大学学报（哲学社会科学版），2015（04）142-150．

[3] 杨鸣键．楚些今踪［J］．中央民族学院学报，1988（6）88-89．

[4] 莫超，刘启舒．秦巴山区的艺术奇葩——文县山歌［N］．中国社会科学报，2019年3月12日第007版专版．

附录

薪火相传　筑梦未来

——文县非遗保护传承工作回顾

文县位于甘肃南陲，地处秦巴山地，与川、陕两省交界，境内有 1 个国家级自然保护区（白水江国家级自然保护区），3 个省级自然保护区（文县大鲵省级自然保护区、尖山大熊猫自然保护区、博裕河省级自然保护区），1 个国家森林公园（文县天池国家森林公园），1 个国家湿地公园（文县黄林沟国家湿地公园），素有"陇上江南""大熊猫故乡"、甘肃"西双版纳"的美誉。远在新石器时代中期，这里就有人类繁衍生息。据考古发现，文县境内分布有多处马家窑、齐家文化、寺洼等文化遗存，文化遗产储藏丰富。商周为氐羌部落所居，汉置阴平道，三国时魏置阴平郡，北周明帝时封"文"置州，明洪武四年降州设县，始称文县。历经两千余年的历史变革和民族大融合，目前境内有汉、藏、回、满、羌、壮、朝鲜等 13 个民族，形成了以白马藏族民俗风情、土琵琶弹唱、玉垒花灯戏、洋汤号子等为代表的独具特色的地方民俗文化。

近年来，文县先后被国家民委命名为"全国民族团结进步创建示范县"，被文化部命名为"中国民间文化艺术之乡"，被中国民协命名为"中国白马人民俗文化之乡"，被省文化厅命名为"甘肃省民间文化艺术之乡"。在昆明首届中国国际生态文化旅游品牌推介与旅居地融资大会上，文县荣获"中国特色民俗风情旅游名县"称号。在第八届美丽中国·深呼吸小城（壶关）夏季旅游文化节上，文县获评"深呼吸生态旅游魅力名县"称号。经全国古建筑、文化、文物、旅游多学科专家评定，文县白马人民俗文化旅游体验区荣获"中国传统建筑文化旅游目的地"称号。文县铁楼藏族乡被省环境保护厅命名为"省级生态乡镇"称号，铁楼乡石门沟村被农业农村部确定为"中国美丽休闲乡村"，铁楼藏族乡草河坝村、石门沟村、麦贡山村被国家民委列入第二批中国少数民族特色村寨，被甘肃省文旅厅命名为"乡村旅游示范村"和"省级森林小镇"。文县石鸡坝镇哈南村，铁楼藏族乡草河坝村、入贡山村、案板地村、强曲村、新寨村，碧口镇白果村郑家社被住房城乡建设部、文化部、财政部列入中国传统村落名录。

在县委、县政府的坚强领导下，始终坚持以习近平新时代中国特色社会主义思想为指导，深入贯彻习近平总书记关于传承弘扬中华优秀传统文化的重要论述，遵循"保护为主，抢救第一，合理利用，传承发展"的方针，围绕"科学保护，提高能力，弘扬价值，发展振兴"的任务，秉持"见人见物见生活""融入现代生活、弘扬当代价值"等理念，聚焦"非遗高水平保护、高质量发展"的要求，按照"创造性转化、创新性发展"的工作思路，以文旅融合为契机，着力构建非物质文化遗产科学传承保护的崭新格局。2022 年 11 月，文县白马文化生态保护区被省文化和旅游厅设立为省级文化生态保护区，这对于整体保护和传承全县非物质文化遗产与传统文化，具有开创性的意义和价值。

目前，全县建立了比较完善的非物质文化遗产名录体系，现有国家级非物质文化遗产 1 项，省级非物质文化遗产 9 项，市级非物质文化遗产 50 项，县级非物质文化遗产 154 项；国家级非遗项目代表性传承人 2 人，省级非遗项目代表性传承人 5 人，市级非遗项目代表性传承人 42 人，县级非遗项目代表性传承人 150 人。非物质文化遗产保护传承场所建设不断完善，已建成天池文县民俗文化博物馆、铁楼乡草河坝白马人民俗文化博物馆、文县非遗馆、文县非遗数据库，铁楼乡铁楼村、麦贡山村、草河坝村、案板地村、寨科桥村和石鸡坝镇薛堡寨村 6 个白马人民俗文化传习所，玉垒乡冉家村、黄路村、大山村、余家村、玉垒坪村 5 个玉垒花灯戏传习所（戏楼），铁楼乡草河坝村同心、白马魂，旧寨村白马人婚俗体验，新寨"十二花"等多处大型文化广场。完成了铁楼乡旧寨正西古街、铁楼古街和磨坊群打造工程。建成了铁楼软桥坝古楼、魏家咀观景平台、景家坝熊猫驿站、肖家山响河里爱情驿站、演武坪演武驿站等多处非遗展示景点。

成立了文县白马人民俗文化研究会和玉垒花灯戏保护协会。重点围绕白马人民俗文化保护开展了一系列田野调查和抢救性挖掘整理工作，创造了被四川学者称为田野调查的"陇南模式"。 中国社会科学院、中国非物质文化遗产研究院和兰州大学、西北民族大学、北京联合大学、兰州城市学院、陇南师专、绵阳师范学院等高校先后在文县设立了研究和人才培训基地。先后出版了《文县白马人》《白马藏族考》《陇南白马人民俗文化研究（8 卷）》《首届中国白马人民俗文化研讨会论文集》《中国白马人文化书系（10 卷）》《白马人民俗文化》《第二届中国白马人民俗文化研讨会论文集》《白马汉大词典》《天池的传说》《玉垒花灯戏研究（6 卷）》《阿尼嘎萨》《藏族传统舞蹈研习（白马藏族卷）》《中国藏族舞蹈典藏（白马藏族卷）》《白马藏族文化信息汇要》《陇南白马人民俗文化图录》《中国白马人》《神秘的陇南白马人——东亚最古老的部族》《文县白马人民俗文化图典》《文县民间山歌 800 首》《阴平民俗文化：美术作品集》《阴平古今歌谣集》《中国白马人民俗风情美术作品集》《文县乡土文化集锦》《正月里看灯花儿红——文县土琵琶弹唱集》等多部专著、图录。

按照甘肃华夏文明传承创新区建设的要求，围绕甘肃"文化大省"和陇南"特色文化大市"战略目标，坚持文化搭台、经济唱戏，扩大陇南特色文化的影响力，推动文旅融合发展，从 2015 年开始，先后承办、举办了四届中国（陇南文县）白马人民俗文化旅游节、三届中国白马人民俗文化研讨会、首届藏羌彝文化产业走廊协同发展论坛、三届白马人拜水节、两届火把节、五届白马人民歌大奖赛、六届琵琶弹唱大奖赛以及白马人民俗文化研究和文创成果展、白马人民俗文化旅游摄影展、白马人民俗文化体验等活动，编排了大型原生态实景演艺《达嘎情韵》及《白马印记》《白马印象》《白马盛典》《洋汤情韵》《白马山寨》等情景歌舞。《白马印记》荣获 2019 年甘肃"石榴杯"少数民族舞蹈展演一等奖。协助中央广播电视台拍摄了《探秘东亚最古老的部族》《年的味道》和"风情中国——大型少数民族文化系列纪录片"《麻昼舞》，特别是《探秘东亚最古老的部族》在中央电视台《探索·发现》栏目播出后，在国内引起强烈反响。

先后组织参加了第四届中国艺术节、甘肃文博会、兰洽会、天水伏羲文化旅游节、甘肃省藏族舞蹈大赛、平凉"春绿陇原"文艺演出、敦煌"丝路记忆"西北五省区非遗宣传展示活动、张掖敦煌行·丝绸之路国际旅游节开幕式"如意甘肃"文艺演出、郑州全国傩舞展演、成都国际非物质文化遗产节、江西南丰全国面具舞展演、青川全国傩艺绝技大赛、戏曲百戏（昆山）盛典、中央电视台梅地亚中心原生态非遗展演以及省市组织的环西部游文化展演、丝路记忆·甘肃多民族传统音乐巡演、青岛文化周、陇南"一带一路"美丽乡村论坛、"美丽陇南·圆梦脱贫"、2024 年全国"我们的节日·七夕"主题文化活动（甘肃西和）和第十二届陇南乞巧女儿节系列文化活动展演、全国"村晚"示范展示等多项活动。傩舞——文县池哥昼还受邀远赴新西兰、新加坡和中国香港参加展演活动。同时持续开展"文化和自然遗产日""非遗进景区""非遗进校园"活动，积极扶持县内民间文艺演出团队开展经常性演出，突出重点，多措并举，着力在全县营造日益浓厚的文化氛围和工作氛围，文县非物质文化遗产已成为对外宣传和文化推介的亮丽名片。

文县非遗工作大事记

（2006—2024）

2006 年

3 月 31 日　文县第三届采茶节在碧口镇举办，池哥昼、龙舞等非遗项目参加展演活动。

6 月　组织开展非遗宣传展演。

7 月 6 日　文县"池哥昼"参加"中国天水伏羲文化旅游节"展演活动。

7 月　《文县白马人》由甘肃民族出版社出版发行。

9 月 30 日　甘肃省人民政府印发《关于公布第一批甘肃省非物质文化遗产名录的通知》（甘政发〔2006〕78 号），文县傩舞——池哥昼、玉垒花灯戏被列入第一批甘肃省非物质文化遗产名录。

2007 年

2 月 27 日　陇南市举办春节文化活动演出，池哥昼、麻昼等参加演出。

6 月　组织开展非遗宣传展演。

9 月 15 日　永靖中国傩文化艺术展在甘肃永靖举办，池哥昼参加演出。

11 月 13 日　陇南市人民政府印发《关于公布陇南市第一批非物

质文化遗产名录的通知》（陇政发〔2007〕73 号），文县 17 个非遗项目被列入陇南市第一批非物质文化遗产名录。

2008 年

2 月　陇南市政协牵头，组织专家启动了大规模的民俗文化田野调查活动。

6 月 7 日　国务院印发《关于公布第二批国家非物质文化遗产名录和第一批国家级非物质文化遗产扩展项目名录的通知》（国发〔2008〕19 号），傩舞——文县池哥昼被列入第一批国家级非物质文化遗产扩展项目名录。

6 月　组织开展非遗宣传展演。

10 月 29 日—11 月 1 日　省社科院纪委书记陈双梅在文县铁楼乡开展"白马文化与旅游扶贫"课题调研。

11 月 2 日　县政府召开白马人民俗文化研讨会。

12 月 23 日　陇南白马人民俗文化研究会成立暨第一次会员代表会议在武都召开。

2009 年

1 月 7—9 日　召开挖掘白马人民俗文化资料学术培训会议。

2 月 12 日　在文县举办陇南市白马人民俗文化保护研讨会。

6 月　《白马藏族考》由甘肃民族出版社出版发行。

6 月　组织开展非遗宣传展演。

6 月 27 日　池哥昼参加甘肃文博会演出活动。

8 月　《陇南白马人民俗文化研究（调查资料卷、论文卷）》由甘肃人民出版社出版发行。

2010 年

2 月 25 日　召开白马人民俗文化资料收集工作会议。

6 月　组织开展非遗宣传展演。

12 月　文县铁楼乡 6 个非遗传习所主体基本完工。

2011 年

5 月 22—23 日　四川平武县举办白马山寨歌会，池哥昼、白马歌舞等参加演出。

6 月　省政协副主席栗震亚在铁楼乡考察白马民俗文化。

6 月　组织开展非遗宣传展演。

6 月 11 日　举办文化遗产日非遗项目展演。

8 月　《陇南白马人民俗文化研究（歌曲卷、服饰卷、舞蹈卷、语言卷、故事卷）》由甘肃人民出版社出版发行。

11 月 3 日　陇南市人民政府印发《关于公布陇南市第二批非物质文化遗产名录及代表性传承人的通知》（陇政发〔2011〕75 号），文县 13 个非遗项目被列入陇南市第二批非物质文化遗产名录，24 人被列入市级非遗传承人名录。

2012 年

5 月 23 日　县委、县政府印发《关于文县文工团体制改革方案的批复》（文复字〔2012〕13 号），根据省委办公厅、省政府办公厅印发《关于加快推进市县两级国有文艺演出院团体制改革的意见的通知》（甘办发〔2012〕55 号）精神，将文县文工团整体划转文县白马民俗文化研究和传习中心。组建新的艺术团，适时成立"文县白马艺术团"，自主经营，自负盈亏。

附录

6月4日　设立文县白马民俗文化研究和传习中心，事业单位，副科级建制。

6月　组织开展非遗宣传展演。

6月20日　举办首届中国白马人民俗文化研讨会。孙宏开、赵逵夫等知名专家参会并考察文县白马民俗文化。

7月6日　第十八届中国兰州投资贸易洽谈会在兰州举办，白马歌舞参加开幕式展演。

8月　《陇南白马人民俗文化图录》由甘肃人民出版社出版发行。

9月9日　文县人民政府印发《关于公布第一批文县非物质文化遗产名录的通知》（文政发〔2009〕116号），文县64个非遗项目被列入文县第一批非物质文化遗产名录。

12月　文县石鸡坝镇哈南村被列入第一批中国传统村落名录。

2013 年

2月5日　土琵琶弹唱参加陇南市新春晚会。

3月22日　班保林参与编著的《陇南白马人民俗文化研究（语言卷）》荣获甘肃省第十三次哲学社会科学优秀成果三等奖。

6月　组织开展非遗宣传展演。

8月　《中国白马人》由甘肃人民美术出版社出版发行。

8月　文县铁楼藏族乡草河坝村、入贡山村、案板地村被列入第二批中国传统村落名录。

9月　《首届中国白马人民俗文化研讨会论文集》由甘肃人民出版社出版发行。

10月1日　西北民族大学学科建设田野调研基地在铁楼乡挂牌。

2014 年

1—8 月　开展全县非物质文化遗产资源普查。

2 月 13 日　举办第一届琵琶弹唱大奖赛。

4 月 3 日　设立文县非物质文化遗传保护中心。

6 月　组织开展非遗宣传展演。

8 月 22 日　陇南市人民政府印发《关于公布陇南市第三批非物质文化遗产名录及代表性传承人的通知》（陇政发〔2014〕53 号），文县 7 个非遗项目被列入陇南市第三批非物质文化遗产名录，14 人被列入市级非遗传承人名录。

10 月　《陇南白马人民俗文化研究·故事卷（续）》由甘肃人民出版社出版发行。

10 月 27 日　召开中国白马人民俗文化之乡考察座谈会。

11 月　文县被中国民间文艺家协会评为中国白马人民俗文化之乡。

12 月　文县被评为 2014—2016 年度中国民间文化艺术之乡（白马人民俗）。

12 月　文县被甘肃省文化厅评为 2014—2016 年度甘肃省民间文化艺术之乡（土琵琶弹唱）。

附
录

2015 年

1 月　《神秘的陇南白马人——东亚最古老的部族》出版发行。

2 月　《陇南白马藏族傩舞装饰造型艺术应用研究》由光明日报出版社出版发行。

3 月 4 日　举办第二届琵琶弹唱大奖赛。

3 月 5 日　第一届中国（陇南文县）白马人民俗文化旅游节成功举办。大型歌舞《白马印记》首演。

3 月 6 日　举办第二届中国白马人民俗文化研讨会。

6月　组织开展非遗宣传展演。

9月　文县池哥昼傩舞技艺荣获大世界吉尼斯之最。

9月　文县组织的千人土琵琶弹唱活动荣获大世界吉尼斯之最。

11月　《中国白马人民俗风情美术作品集》由兰州大众彩印包装有限公司印刷发行。

12月　《中国白马人文化书系》（10卷本）由甘肃人民出版社出版发行。

2016年

1月22日　举办了第一届白马民歌大奖赛。

2月22日　第二届陇南文县白马人民俗文化旅游节成功举办。《白马盛典》首次演出。

3月　《第二届中国白马人民俗文化研讨会论文集》由甘肃人民出版社出版发行。

4月　《白马人民俗文集》印刷出版。

6月11日　陇南市举办第十一个文化遗产日活动，文县土琵琶弹唱、白马人歌曲等参加展演。是日组织开展非遗宣传展演。

7月　《文县乡土文化集锦》由甘肃文化出版社出版发行。

9月14—15日　池哥昼参加郑州全国傩舞展演。

11月14日　白马藏族文化研究与产业开发国际论坛在江油幼师学校举办。

12月　文县碧口镇白果村郑家社、铁楼乡强曲村被列入第四批中国传统村落名录。

12月25日　陇南火车站开通仪式在武都举办，池哥昼及白马歌舞参加演出。

2017 年

1 月 3—4 日　甘肃陇南旅游产品（重庆）宣传推介会举办，池哥昼、白马人歌舞参加演出。

2 月 10 日　举办第三届琵琶弹唱大奖赛。

2 月 11 日　举办第二届白马民歌大奖赛。

6 月　组织开展非遗宣传展演。

9 月 29 日　陇南举办兰渝铁路全线开通仪式，池哥昼及白马歌舞参加演出活动。

10 月 18 日　甘肃省人民政府印发《关于公布第四批甘肃省非物质文化遗产名录的通知》（甘政发〔2017〕81 号），文县土琵琶弹唱、白马人民歌、白马人服饰、文县麻昼舞被列入第四批甘肃省非物质文化遗产名录。

10 月　《文县白马人民俗文化图典》由吉林大学出版社出版发行。

12 月　《白马汉大词典》及《白马人有关信息》由甘肃人民出版社出版发行。

2018 年

2 月 23—28 日　陇南文县白马藏族文化村落工艺美术设计人才培养作品成果展在北京民族文化宫展出。

3 月 1 日　举办第四届琵琶弹唱大奖赛。

3 月 21 日　举办第三届白马民歌大奖赛。

3 月 27—28 日　青岛陇南文化旅游推介协作会在青岛举办，池哥昼、白马歌舞参加演出。

4 月　《玉垒花灯戏研究·历史资料卷》由甘肃人民出版社出版发行。

5 月 8 日　聘任张金生、邱雷生二人为我县民俗文化专家。

6 月　组织开展非遗宣传展演。

附录

6月9日　举办文化和自然遗产日展演和宣传活动。

6月13日　首届藏羌彝文化产业走廊协同发展论坛在文县举办。

6月14—18日　第三届陇南文县白马人民俗文化旅游节成功举办。

8月3日　大型纪录片《嘉陵江》及首届嘉陵江文化旅游产业论坛在北京中央电视台梅地亚中心举行，我县国家级非遗项目池哥昼代表甘肃参加演出。

10月15日　文县人民政府印发《关于公布第二批文县非物质文化遗产名录及代表性传承人名单的通知》（文政发〔2018〕79号），文县71个非遗项目被列入文县第二批非物质文化遗产名录，149人被列入县级非遗传承人名录。

12月4—5日　甘肃省文化旅游项目推介暨文化产品和特色商品展览展示活动在香港举行，我县白马系列文创产品代表陇南参展。

12月10日　文县铁楼乡新寨村被列入第五批中国传统村落名单。

12月30—31日　陕西宁强县举办中国青木川全国傩艺绝技大赛，池哥昼、麻昼参加演出。

2019年

1月　《陇南白马人医药集锦》由甘肃人民出版社出版发行。

2月6日　玉垒花灯戏展演暨研讨会在玉垒乡玉垒坪村举办。

2月17日　举办第五届琵琶弹唱大奖赛。

2月19日　第四届陇南文县白马人民俗文化旅游节成功举办。是日第四届白马民歌大奖赛举办。

5月12日　首届九寨勿角白马文化暨白马民歌大赛在九寨沟县举办，文县白马歌手组队参加。

5月18日　春绿陇原文艺展演活动在平凉举办，大型歌舞《白马印象》参加演出。

6月5日　"丝路记忆"西北五省区非遗宣传展示活动在敦煌举办，我县国家级非遗项目池哥昼及面具制作技艺进行了演出展示。

6月　《甘肃文县白马语》由商务印书馆出版发行。

6月　组织开展非遗宣传展演。

7—12月　开展了土琵琶弹唱第五批国家级非遗项目申报工作。

8月　委托兰州文理学院编撰完成了《文县白马文化生态保护区规划纲要》。

9月27日　全国面具舞展演在江西南丰举办，池哥昼、麻昼表演队代表甘肃参加演出。

9月8日　国家艺术研究院李启荣教授考察非遗保护传承工作。

9月20日　甘肃省"石榴杯"少数民族文艺会演活动在兰州举办，大型歌舞《白马印记》参加演出获一等奖。

10月17—22日　组织省级非遗项目土琵琶弹唱队参加第七届中国成都国际非物质文化遗产节。

11月5日　平武县白马文化考察团来我县调研白马民俗工作。

11月6日　第七届全国部分省市文化馆"百馆联动"系列文旅嘉年华活动在重庆举办，县国家级非遗项目池哥昼和省级项目白马人民歌代表陇南参加演出。

11月　聘任班海平、童靖国二人为我县民俗文化专家。

2020 年

6月　组织开展非遗宣传展演。

8月12日　"白马之乡·魅力非遗"官方微信平台正式上线。

10月17日　白马人原生态歌舞《印象白马》参加陇南市"美丽

陇南·圆梦脱贫"系列文化活动演出。

11月11日 2020戏曲百戏（昆山）盛典在江苏举办，由文化馆负责编排的玉垒花灯戏《打面缸》代表甘肃参演。

11月23日 平武县委常委、宣传部长何瑞雪一行赴文县调研白马民俗文化传承保护工作。文县县委常委、统战部长曹斌，政协副主席左仁顺陪同调研。

12月 《阿尼嘎萨》单行本由沈阳出版社出版发行。

12月 《面具之舞——白马人的神化历史与文化表述》由社会科学文献出版社出版发行。

12月21—22日 2020"一带一路"美丽乡村论坛在陇南举办，我县大型歌舞《白马印记》参加演出。

2021年

1月7日 陇南市人民政府印发《关于公布陇南市第四批非物质文化遗产名录及代表性传承人的通知》（陇政发〔2021〕1号），公布市级非遗项目19项，增补项目5项，市级非遗项目代表性传承人45人。文县申报的传统舞蹈"麻够池"，传统技艺"柿饼制作工艺""手工茶制作工艺"，民间文学"玉垒关阴平桥的传说"，民俗"车车灯"5个项目列入陇南市第四批非遗项目清单；传统技艺"民间织布技艺"列入陇南市非遗增补项目清单；班哲、班保林、付若梅、刘国莲、杨志宏、朱有季、班冬花7人列入市级非遗代表性传承人名单。目前，文县市级非遗项目由37项增加到43项，市级非遗项目代表性传承人由37人增加到44人。

1月22—28日 中央广播电视台华语环球节目中心《年的味道》编导、拍摄人员赶赴文县铁楼乡，深入白马山寨拍摄白马人独特的年文化，当地党委、政府和县非遗中心协助拍摄。中央广播电视台华语环球节目中心（CCTV—4）是国家级外宣频道，面向全球播出。该中心大型人文纪录片《年的味道》，旨在通过向海内外讲述中国人鲜活生动的过年故事，从故事中解读年味，追根溯源展现年文化，展现不同时代年的变迁，从而挖掘中国人过年的主题内涵，传播优秀的中华传统文化，增进中华民族四海一家的认同感，向世界传播中华民族的人文形象。

2月18日　文县白马文化研究和传习中心印发《关于聘请文县白马民俗文化研究和传习中心顾问的决定》，决定聘请孙宏开、赵文洪、郑本法、王玉祥、邱正保、刘醒初、杨全社、任跃章、古元章、司跃宁、毛树林、曾维益、杨正荣、高峰14名同志为文县白马民俗文化研究和传习中心顾问。是日文县白马文化研究和传习中心印发《关于建立特约研究员制度的决定》，决定聘请巴战龙、邓亚楠、王万平、汪渺、宋西平、扎西江措、曾穷石、王阳文、张雪娇、焦虎三、冯作辉、陈霁、陈亮、班海平、杨代友、莫超、杨士宏、王艳、魏琳、蒲向明、王萍、包建强、余永红、张益琴、刘吉平、邵语平、杨军、高天佑、张金生、邱雷生、罗卫东、焦红原、杜国庆、王青彦、田佐、王世雄、刘启舒、李世仁、谭昌吉、王国珍、任可、余林机42名同志为文县白马文化研究和传习中心第一批特约研究员。

2月20—21日　县非遗中心对非遗传承人曹付元进行了采访，并对采访过程全程进行视频录制。此次采访录制视频包括"勒歌"、池哥朝哲、朝斗朝伟、劳动歌、打墙歌、锄草歌、背粪歌、长篇故事《阿尼嘎萨》等，为研究白马人民俗文化保存了第一手资料。

2月26日　甘肃省文化和旅游厅印发《关于开展甘肃省非遗大数据平台数据资料自行录入工作的通知》，系统要求录入的多媒体资料，包括文本资料、图片资料、音频资料、视频资料。国家级、省级非遗项目及传承人资料于2021年3月5日前，市级、县级非遗项目及传承人资料于3月15日前完成录入工作。文县按照时限要求完成了相关录

入任务。

3月11日　县政府印发《关于将文县白马文化生态保护区列入省级文化生态保护区的请示》（文政发〔2021〕9号）。是日召开非遗项目代表性传承人2020年度考核暨培训会议。全县市级以上非遗传承人参加会议。

3月17日　省文化和旅游厅印发《关于推荐第五批省级非物质文化遗产项目代表性传承人的通知》（甘文旅厅办字〔2021〕24号），文县按照省厅要求，开展申报工作。

3月18日　赴玉垒拍摄文县玉垒关传说的视频资料。

3月27日　由文化和旅游部非遗司支持，甘肃省文化和旅游厅主办，陇南市文化广电和旅游局承办，陇南市非物质文化遗产保护中心、陇南市信通文化旅游发展有限公司协办的甘肃省非遗助力乡村振兴产品展示展销活动，在陇南市武都区隆重举办。文县非遗项目哑杆子酒参加此次产品展示展销活动。

3月28日　赴哈南寨采录文县土琵琶弹唱相关资料。

4月1日　赴铁楼村采录白马人服饰相关资料。

4月3日　由绵阳市委宣传部、中共平武县委、县政府主办，平武县委宣传部、平武县文广旅局、平武县白马文化发展专项行动领导小组办公室、平武县文联承办的白马文化展演晚会在报恩寺广场举行。

4月4日　平武县木座乡举办清明歌会，文县受邀参加。

4月9日　陇南市文化广电和旅游局印发《关于第五批市级非物质文化遗产代表性项目推荐申报工作的通知》，文县积极开展申报工作。

4月20—24日　为了推进国家社科基金艺术学重大项目子课题《中国戏曲剧种全集》及其他项目研究的相关调研工作，省文化艺术研究所所长周琪一行4人，赴文县进行非遗传承发展与乡村振兴、土琵琶弹唱、玉垒花灯戏等项目调研。

4月20日　陇南市文化广电和旅游局印发《关于申报市级非遗就

业工坊、陇南巧匠和建设县区级乡村文创中心的通知》，文县按要求开展相关工作。

4月25日　为了深入贯彻落实中共中央办公厅、国务院办公厅印发的《关于实施中华优秀传统文化传承发展工程的意见》精神，受甘肃省文化和旅游厅邀请，甘肃省非遗保护协会专家委员会主任、甘肃省民族音乐研究中心主任孔庆浩一行，来我县进行传统音乐和非遗项目考察及信息采集工作。

5月10日　文县人民政府印发《关于公布文县第三批非物质文化遗产名录及代表性传承人名单的通知》（文政发〔2021〕11号），公布非物质文化遗产代表性项目5类12项，代表性传承人17人。

6月10日　由省文化和旅游厅组织举办的"文化和自然遗产日"非遗宣传展示主会场活动在兰州老街盛大开幕。文县土琵琶弹唱参加展演活动。是日由市委宣传部、市文化广电和旅游局组织举办的"我们的节日"非遗展演活动在武都区开幕。文县池哥昼参加展演活动。6月12日，央视新闻频道"沿着高速看中国"栏目对非遗展演活动进行了现场直播报道。文县文体广电和旅游局组织主办的"文化和自然遗产日"非遗展演活动启动仪式在铁楼乡草河坝村开幕，文县池哥昼、土琵琶弹唱、白马人民歌、月调背宫等非遗项目参加展演。

6月29日　中国藏学研究中心二级研究员，中国藏学出版社原社长周华，来文县考察白马人民俗文化。

7月3—5日　"风情中国——大型少数民族文化系列纪录片"拍摄组来文县拍摄白马人傩舞"麻昼"。"风情中国——大型少数民族文化系列纪录片"是"十三五"国家重点图书、音像、电子出版物出版规划项目，该项目以我国55个少数民族非物质文化遗产为核心，挖掘传统文化的精华和智慧，向世界展示我国少数民族的发展与进步，同时搭建国际文化交流与传播平台，向全世界宣传展示中国的文化大国形象。

7月12日　为了进一步加强和深化与成都市的交流合作，陇南市委、市政府在成都举办陇南文化旅游产品宣传推介活动，期间文县白马人傩舞——池哥昼、原生态歌曲等民俗文化参加了展演展示。

7月15日　四川大学文学与人类学研究所研究员完德加来文县调查白马人民俗文化。

7月25日　上海音乐学院副教授徐欣来文县调查非遗项目土琵琶弹唱。是日兰州理工大学师生来文县开展暑期社会实践，开展白马人民俗文化调查。

7月29日　《玉垒花灯戏研究（6卷）》由甘肃民族出版社出版发行，县政协召开出版发行座谈会。

8月1—13日　兰州大学哲学社会学院副教授台文泽、成县非遗中心主任唐虹一行来文县开展白龙江流域文化调查。

8月25—26日　省文化和旅游厅组织专家组赴文县实地考察评估白马文化生态保护区创建工作。考察组一行重点考察了文县白马文化演艺厅、县非遗展览厅、县非遗数据库、铁楼古街、白马人民俗文化博物馆、白马文化工艺品商店、白马传统村落及池哥昼、麻昼、白马人歌曲、火圈舞、琵琶弹唱、月调背宫等非遗项目，并查阅了相关档案资料。参加考察的专家组成员有西北民族大学教授宁梅、兰州文理学院教授徐凤，省文化和旅游厅领导有非遗处副处长王学礼、非遗处三级主任科员祁晓亮。市文化广电和旅游局一级调研员茹涛、四级调研员杜鹃、非遗科科长张鹏、规划和产业发展科科员李树芳等陪同考察。县委常委、统战部长曹斌，政府副县长袁蓓全程陪同并召开会议专题汇报了文县创建省级白马文化生态保护区相关工作情况。县直相关部门参加汇报。

9月21日—10月2日　文县集中开展国家级非遗项目"池哥昼"进景区活动。

9月28日　省文化和旅游厅为集中展示全省非遗保护成就，在兰州举办"如意甘肃·多彩非遗"非遗展演活动,文县土琵琶弹唱参加展演活动。

10月18—20日　市文化广电和旅游局一级调研员茹涛一行,对文县申报第五批市级非遗项目和市级非遗就业工坊、陇南巧匠及乡村文创中心等工作开展督查指导,并就进一步做好白马人民俗文化、玉垒花灯戏等研究工作进行了交流。陇南市政协原副主席张金生、陇南市政协民族宗教和社会联谊委员会原主任邱雷生、市文化广电和旅游局非遗科科长张鹏参加督查活动。

11月19日　文化和旅游部人事司公示2021年度乡村文化和旅游能人支持项目拟入选人员名单,文县市级非遗传承人班哲名列其中。

12月13日　陇南市文化广电和旅游局对拟公布的30名"陇南巧匠"人选进行公示,文县班杰军(木雕)、曹小宁(白马藏族服饰制作)、杨贵元(土琵琶制作技艺)、张金树(土布制作技艺)4名非遗传承人入围。是日陇南市文化广电和旅游局对"非遗就业工坊"创建结果进行公示,文县达嘎贝民族服饰创新坊入围。

2022 年

1月6日　按照县文体广电和旅游局总体工作部署,县非遗中心认真落实2022年1月4日文县文体广旅局当前重点工作安排会议精神,积极谋划2022年的非遗保护传承工作。2022年,文县非遗部门将坚持以习近平新时代中国特色社会主义思想为指导,认真贯彻落实习近平总书记关于非物质文化遗产保护重要指示批示精神,深入学习贯彻党的十九大和十九届二中、三中、四中、五中、六中全会精神,弘扬伟大建党精神,在县文体广电和旅游局的坚强领导下,全力抓好全县非遗保护、传承、弘扬、传播和非遗助力乡村振兴、非遗与旅游融合发展等重点工作任务,不断提升非物质文化遗产系统性保护水平,为推动中华优秀传统文化创造性转化、创新性发展作出新的贡献。重点抓好以下几方面的工作：一是坚持依法开展非遗保护。宣传学习好《中华人民共和国非物质文化遗产法》和《甘肃省非物质文化遗产条例》，修订《文县非物质文化遗产代表性传承人认定与管理办法》；落实好《"十四五"非物质文化遗产保护规划》。二是完善非遗保护传承体系。配合做好 2021 年度非遗保护专项资金使用情况及国家级、省级非遗代表性传承人第三方检查评估工作；启动第五批省级非遗代表性项目申报工作；进一步推进非遗大数据平台建设工作；全力开展非遗人员和传承人培训工作，支持非遗传承人开展保护传承活动。三是提升非遗保护传承水平。按照省市安排，参与开展非遗旅游主题线路宣传推广活动，通过全国性、区域性的非遗展演展销活动，指导非遗工坊、非遗传承人拓宽销售渠道，助力乡村振兴；按照县文体广电和旅游局的安排，参与组织好文县玉垒花灯戏展演活动；组织实施好"麻昼"县内展演等相关活动；出版《白马藏族文化信息汇要》等专著，力争《白马藏族舞蹈音乐典藏》等多部专著列入市委宣传部出版计划；与绵阳师范学院合作，完成白马藏族舞蹈记录工程视频拍摄工作；继续加强与国内各大专院校合作，开展白马藏族民俗文化及玉垒花灯戏等非遗学术研究；配合完成铁楼草河坝白马人民俗博物馆的提升工作。四是加大非遗传播普及力度。按照省市安排，积极组织参加"如意甘肃·多彩非遗"全省巡演活动及第八届中国成都国际非遗节、第七届中国非遗博览会；开展"非遗过大年""视频直播家乡年""文化和自然遗产日""非遗购物节"等活动；继续办好"白马之乡·魅力非遗"公众号和文县白马人网站。按照省市和县上安排，全面完成其他各项工作任务。

1月11日　清华大学"白马文化圈"赴文县调研少数民族民俗风情实践支队，在文县开展学生社会实践活动。此次活动由清华大学教授赵丽明带队。据悉，由赵丽明、孙宏开等专家学者主持的 2010 年度国家社会科学基金重大招标项目"中国西南地区濒危文字抢救、整理与研究"，10余年来，先后有10余个子课题相继完成。内容涉及纳西族东巴文民间文书译注、普米族韩规经书译注、羌族释比经书《刷勒日》译注、彝族他留经书译注、壮族八宝歌书译注、水族水书文献译注、尔苏沙巴经书译注、木雅经书译注、纳木依帕孜经书译注、贵琼公麻经书译注等。清华大学"白马文化圈"赴文县调研少数民族民俗风情实践支队，通过在文县走访，了解当地传承保护白马人民俗文化的现状，为"中国西南地区濒危文字抢救、整理与研究"（白马卷）补充完善相关资料。

1月18日　文县非遗项目"池哥昼"、土琵琶弹唱、三弦弹唱"月调背宫"、白马人歌曲登上"欢乐过大年·喜迎冬奥会——我们的美好生活"2022年全国"村晚"示范展示活动舞台。此次活动由文化和旅游部公共服务司、文化和旅游部全国公共文化发展中心、中央广播电视总台视听新媒体中心联合举办。

1月31日—2月15日　文县通过抖音、微信公众平台等新媒体开展"非遗过大年""视频直播家乡年"活动。

2月12—13日　文县石鸡坝镇举办土琵琶弹唱、夜春官等非遗展演活动。

2月13—15日　中央电视台、人民网、新华网等国内多家媒体机构，来文县报道国家级非物质文化遗产项目——池哥昼演出活动，展现文县白马人过大年、闹元宵传统习俗。

2月13—18日　由绵阳师范学院扎西江措教授带队的《藏族传统舞蹈研习（白马卷）》课题组一行，来文县开展田野调查活动。

2月14—15日　甘肃省文化艺术研究院国家重大项目子课题《中国戏曲剧种全集》（甘肃卷）课题组，在文县开展玉垒花灯戏、池哥昼田野调查活动，并在玉垒乡召开座谈会，专门就玉垒花灯戏的传承保护工作展开研讨。省文化艺术研究院院长周琪、兰州职业技术学院非遗学院副院长李雅敏、省非物质文化遗产保护中心副研究员封尘、省文化艺术研究院副研究员郭军及研究人员赵楠、王辉等参加田野调查。

2月14—15日　由陇南市委宣传部组织，陇南市文联党组书记、主席张红霞一行，来文县开展白马人音乐调研活动。县委常委、宣传部长曹斌参加座谈。

3月6—7日　甘肃省文化和旅游厅委托第三方机构来文县对2021年度国家级和省级非遗保护专项资金使用情况开展现场验收评估工作，并面对面了解国家级、省级非遗项目代表性传承人开展传习活动情况。评估小组由省文化和旅游厅非遗处副处长王学礼带队，成员有省非遗保护中心副研究馆员封尘、省非遗保护中心干部文亚妮及评估公司人员。市文化广电和旅游局相关领导陪同检查。

3月9日　甘肃省非物质遗产保护中心印发《关于征集非遗进民宿产品清单的函》，文县按照要求完成推荐相关产品工作。

4月1日　陇南市文化广电和旅游局印发《关于做好2021年市级以上非物质文化遗产代表性传承人考核工作的通知》，文县及时学习传达《通知》精神，安排考核相关工作。

4月13日　市文化广电和旅游局对全市国家级、省级非物质文化遗产名录代表性传承人自评估结果进行公示。文县共有省级以上非遗传承人5人，其中3名非遗传承人考核结果为优秀，2名非遗传承人考核结果为良好。

4月19日　文县白马人老磨坊艺术团揭牌仪式在铁楼乡铁楼村举行。该艺术团的成立，对于保护和传承土琵琶弹唱、三弦弹唱"月调背宫"等非遗项目，丰富和活跃当地群众文化生活具有积极的示范作用。文县非物质文化遗产保护中心向老磨坊艺术团捐赠了部分书籍和二胡等乐器。

4月21日　甘肃省文化和旅游厅印发《关于做好"甘肃省非物质

文化遗产影像展"作品征集工作的通知》，文县按照相关要求积极开展征集报送工作。

4月26—27日　文县非物质遗产保护中心一行赴绵阳师范学院学习交流白马藏族民俗文化传承保护工作。

5月23—25日　市文化广电和旅游局一级调研员茹涛、市非遗保护中心主任董平、市文化广电和旅游局非遗科科长张鹏等一行5人，深入文县对非物质文化遗产代表性项目保护传承情况开展督导调研。

6月1日　文县傩舞——池哥昼省级传承人、中国民间文艺家协会会员、陇南市民间工艺美术大师班杰军经甘肃省工艺美术行业评审工作委员会评审认定，被评为甘肃省工艺美术大师。

6月9—14日　陇南市政协原副主席、陇南市白马人民俗文化研究会副会长张金生，深入文县与县上领导及相关乡镇、部门协调沟通，围绕白马人民俗文化保护传承和白马河景区打造，提出多项建设性意见和建议，促进相关工作持续开展，任务责任落实。

6月15日　省文化和旅游厅发布关于"如意甘肃·多彩非遗"甘肃省非物质文化遗产影像展入选作品的通报，由中共甘肃省委宣传部、甘肃省文化和旅游厅、甘肃省文学艺术界联合会、张掖市人民政府主办的2022年"如意甘肃·多彩非遗"——甘肃省非物质文化遗产影像展活动已于6月8日在张掖市如期展出。文县报送的孙效珠的《文县麻昼舞》和张文海的《文县土琵琶弹唱》（组照）入选。

7月13日　甘肃省文化和旅游厅、人力资源和社会保障厅、乡村振兴局联合印发《关于推荐申报省级非遗工坊的通知》，文县按期完成推荐申报工作。

7月18日　文化和旅游部办公厅印发《关于开展国家级非物质文化遗产代表性项目保护单位履职尽责情况评估和调整工作的通知》，文县按要求完成自查报告。

8月1—14日　随着我县恢复常态化新冠疫情防控，县文体广电和旅游局组织开展省级非物质文化遗产项目玉垒花灯戏进景区展演活动。

8月11—15日　根据省文化和旅游厅《关于做好第六批国家级非物质文化遗产代表性传承人推荐申报工作的通知》精神，文县按期完成申报工作。

9月6—18日　文县完成国家级非遗项目池哥昼2023年度保护补助经费申报工作。

9月7日　文县市级非遗传承人班正兴雕刻的池哥昼面具入选国家非物质文化遗产馆藏作品。

9月22日　省文化和旅游厅印发《关于推荐申报第五批省级非物质文化遗产代表性项目的通知》，文县按照通知要求启动相关推荐申报工作。

9月27日　省文化和旅游厅印发《关于公示甘肃省级文化生态保护区建议名单的公告》，文县白马文化生态保护区位列第一。是日省文化和旅游厅印发《关于对推荐第六批国家级非物质文化遗产代表性传承人名单的公示》，文县推荐的傩舞（文县池哥昼）传承人班用明名列其中。

10月11日　根据绵阳师范学院中华传统文化学院的提议，县文体广电和旅游局复函，同意在绵阳师范学院中华传统文化学院设立白马藏族舞蹈研究院，这对于提高白马藏族文化人文社会科学研究水平，为当地培养更多白马藏族舞蹈人才具有积极意义。

11月25日　陇南市文化广电和旅游局对拟公布的第五批市级非物质文化遗产代表性项目名单予以公示，文县申报的《阿尼嘎萨传说》（民间文学）、月调背宫（传统音乐）、白马人火圈舞（传统舞蹈）、石坊罐罐茶制作技艺（传统技艺）和九原装老汉、新寨暖花（民俗）6项入选公示名单。

11月18日　甘肃省文化和旅游厅印发《关于公布省级文化生态

保护区名单的通知》，文县白马文化生态保护区被设立为省级文化生态保护区。是日文县文体广电和旅游局分别在玉垒乡玉垒坪村、黄路村召开玉垒花灯戏巡演总结暨业务培训会议。

12月8日　甘肃省文化和旅游厅、人力资源和社会保障厅、乡村振兴局印发《关于认定2022年度省级非遗工坊的通知》，文县铁楼乡达嘎贝民族服饰制作非遗工坊、白马尚艺雕塑非遗工坊被认定为省级非遗工坊。

12月12日　甘肃省文化和旅游厅对第五批省级非物质文化遗产代表性项目代表性传承人向社会公示，文县王玉贵、班冬花入选公示名单。

2023年

1月16日　陇南市文化广电和旅游局对拟推荐申报第五批甘肃省非物质文化遗产代表性项目名录进行公示，文县洋汤号子、白马人婚俗、白马人烤街火习俗列入公示名单。

1月23日—2月5日　文县玉垒乡、范坝镇部分村社组织群众开展玉垒花灯戏演出。

1月30日—2月3日　文县举办孙念祖白马人民俗文化题材美术作品展，此次活动由中共文县县委宣传部、文县文体广电和旅游局主办，文县文化馆承办。

2月3日　文县举办第六届"唱响文县"琵琶弹唱大奖赛，此次活动由中共文县县委宣传部、文县文体广电和旅游局主办，文县文化馆承办。

2月3—6日　文县铁楼乡、石鸡坝镇白马山寨群众开展池哥昼、麻昼演出。

2月5日　文县举办第五届白马人民歌大奖赛，此次活动由中共文县县委宣传部、文县文体广电和旅游局主办，文县铁楼乡政府、文县非物质文化遗产保护中心承办。

2月5日　文县举办"池哥昼——火把节"演出活动，此次活动由中共文县县委宣传部、文县文体广电和旅游局主办，文县铁楼乡政府承办。

3月16日　陇南市政府印发《关于公布第五批陇南市非物质文化遗产代表性项目名录的通知》，文县申报的《阿尼嘎萨传说》（民间文学）、月调背宫（传统音乐）、白马人火圈舞（传统舞蹈）、下坛端公戏（传统戏剧）、石坊罐罐茶制作技艺（传统技艺）、九原装老汉、新寨暖花（民俗）7个非遗项目成功入选。

3月25日　由中共甘肃省委宣传部、甘肃省文化和旅游厅指导，甘肃省文化艺术研究院主办，甘肃省民族音乐研究中心、青岛科技大学、甘肃省非物质文化遗产保护协会协办的2022年度国家艺术基金传播交流推广项目——"丝路记忆·甘肃多民族传统音乐巡演"在兰州金城大剧院拉开序幕。文县土琵琶弹唱参加巡演活动。在为期1个月的巡演中，在甘肃、宁夏、陕西、四川等地高校共演出20余场。

3月28日　甘肃省文化和旅游厅印发《关于公布第五批省级非物质文化遗产代表性传承人的通知》（甘文旅厅通字〔2023〕19号），公布省级非遗传承人141人，其中文县2人，王玉贵为土琵琶弹唱省级非遗传承人，班冬花为白马人服饰省级非遗传承人。

4月3日　陇南市文化广电和旅游局对陇南市国家级、省级非物质文化遗产名录代表性传承人自评结果予以公示，傩舞（文县池哥昼）国家级传承人余林机、省级传承人班用明考核结果为优秀；傩舞（文县池哥昼）省级传承人班杰军，玉垒花灯戏省级传承人袁润明、张才林考核结果为合格。

4月15—17日　文县组织人员赴四川汶川县考察羌族文化生态保护区建设管理情况。

4月26日　第11届敦煌行·丝绸之路国际旅游节在甘肃张掖市盛大开幕。文县情景歌舞《白马山寨》代表陇南参加了开幕式"如意甘肃"文艺演出。

4月29日—5月3日　文县在"五一小长假"期间，开展了丰富多彩的白马人民俗文化展演暨非遗进景区活动。在文县铁楼白马河民俗文化旅游景区肖家山村、旧寨村、石门沟村、铁楼村、寨科桥村、草河坝村组织了琵琶弹唱、白马民歌、三弦弹唱（月调背宫）、白马人婚俗展演、池哥昼展演、火圈舞、传统手工艺展示、白马人迎宾仪式等多项民俗文化活动。

5月8—10日　陇东陇南民族团结进步提升区"促进优秀传统文化互鉴共融铸牢中华民族共同体意识"研讨会暨文化交流活动在文县举办。与会期间，全体参会人员集体参观了文县非遗展示厅，观摩体验了白马人民俗文化。

5月17日　文县创建国家级白马文化生态保护区工作座谈会召开。县委常委、宣传部部长曹斌主持会议。市政协原副主席、市白马人民俗文化研究会副会长张金生，市政协原民族宗教和社会联谊委员会主任、市白马人民俗文化研究会副会长兼秘书长邱雷生，市文化广电和旅游局非遗科科长张鹏，县人大常委会副主任王永宁出席会议。会议通报了文县创建国家级白马文化生态保护区前期工作情况。与会人员结合单位实际，围绕创建国家级白马文化生态保护区作了交流发言。会议强调，要提高思想认识，深刻领会创建国家级白马文化生态保护区工作的重要意义，切实增强工作责任感，系统推进白马文化生态保护区建设，不断扩大白马文化传承传播的影响力。要突出工作重点，树立正确的理念，围绕创建国家级白马文化生态保护区这个总任务，落实各项创建任务，打造具有文县特色的白马文化生态保护区。要加强宣传，营造浓厚氛围。围绕群众文化生活、文化载体，丰富完善白马文化品牌，加强全方位宣传，进一步提高知名度和美誉度，为创建国家级白马文化生态保护区注入新动能。县委宣传部、县委统战部、县文体广旅局、县融媒体中心、铁楼乡、石鸡坝镇、非遗中心、景顺文旅公司等相关单位负责人参加会议。

5月30日—6月6日　陇南市政协原副主席张金生在文县调研文县白马文化生态保护区建设工作，并在玉垒乡召开玉垒花灯戏发展座谈交流会。

6月2日　陇南市人大常委会副主任高天佑一行，来文县调研白马文化生态保护区建设工作。

5月22日　四川幼儿师范高等专科学校史浩林一行，来文县考察白马人民俗文化。

6月6—10日　2023年6月10日是我国的"文化和自然遗产日"，并适逢《保护非物质文化遗产公约》通过20周年。为全面贯彻落实党的二十大精神和习近平总书记关于非遗保护工作的重要指示精神，深化非遗保护理念，今年"文化和自然遗产日"的主题为"加强非遗系统性保护　促进可持续发展"。按照省市文旅部门的安排，我县在"文化和自然遗产日"前后，线上线下举办非遗宣传展览、文艺演出、探访非遗游、非遗购物节等相关活动，引导城乡群众亲身感受和体验非遗在新时代融入当代生活服务百姓民生的生动实践，共享非遗系统性保护成果。活动期间，文县组织演出团队，在陇南市政广场，参加了甘肃主会场的系列活动。

6月10日　县委办、政府办印发《关于成立文县省级白马文化生态保护区建设领导小组的通知》和《文县省级白马文化生态保护区建设实施方案的通知》。

6月25—28日　全省非遗工作管理暨非遗文创设计提升培训班和甘肃省非遗展示展销暨全省非遗文创大赛系列活动在敦煌举办。文县参加此次培训和系列活动。

7月4日　中国非物质文化遗产保护协会会长王晓峰一行在文县

考察池哥昼、土琵琶弹唱、洋汤号子等非遗项目。

7月24—27日 《白马文化生态保护区总体规划》编写专家组在文县开展调研。专家组成员有兰州文理学院文学院教授徐风、兰州大学历史文化学院教授王海飞、兰州文理学院文学院教授王万鹏、天水师范学院历史文化传播学院教授余粮才、天水师范学院文学与文化传播学院副教授陈芳芳。专家组一行实地了解文县非物质文化遗产保护传承、文物保护、传统村落保护等工作，17日上午在县文体广电和旅游局召开座谈会，县人大副主任王永宁及相关部门负责同志参加。

7月26—28日 西北师范大学教师教育学院"传承非遗文化·赓续红色血脉"暑期社会实践团队，在文县调研白马藏族文化及非遗文化传承现状。

8月1日 陇南市乡村工匠培育工作推进小组办公室发布公示，文县推荐的班冬花、班杰军2名非遗传承人被认定为市级乡村工匠。

8月26—28日 西北师范大学传媒学院"广角镜助推民族团结"实践团走进文县，深入了解白马人的历史与文化，并采访国家级传承人余林机。

9月13—15日 陇南市非物质文化遗产管理人员培训班在文县举办。副县长杨彬出席开班仪式并致欢迎词，市文化广电和旅游局副局长唐伟出席开班仪式并讲话，市非遗中心主任董平出席开班仪式。杨彬代表县委、县政府对参加本次培训的各位领导和同志表示热烈的欢迎，并在讲话中指出，非物质文化遗产是中华民族独特的精神标识，是中华传统文化的重要内容，对弘扬中华文明、促进人类进步，有着十分重要的作用。这次将培训班设在文县，是对我们工作的肯定和认可，我们将认真做好服务和配合工作，确保培训工作圆满完成。唐伟要求，要提高政治站位，强化责任意识，进一步提高对非遗保护利用重要性、紧迫性的认识，不断加强非遗传承人队伍建设，积极探索"非遗＋文创""非遗＋景区"融合发展新路径，全力提升全市非遗保护利用质量和水平。要多渠道筹措资金，加大对非遗保护利用专项经费投入，确保非遗保护利用正常顺利开展，吸纳有实力的社会组织、企业和个人进行资助保护，鼓励、带动公众积极参与非遗保护、利用，使非遗项目、传承人和传承基地得到资金支持。要健全非遗保护机构，加强人才培养，通过政府设岗和购买服务等形式，补充相关专业人员，并鼓励民间艺人带徒传艺，加大非遗传承力度，培养一批年轻的非遗传承人。

9月14—15日　中央电视台《最美自驾路》摄制组，在文县天池和铁楼白马河景区开展拍摄工作。

10月9日　文县非遗展厅完成布展工作。

10月15—16日　由甘肃省文化和旅游厅主办，甘肃省非物质文化遗产保护中心、陇南市文化广电和旅游局、中共宕昌县委、宕昌县人民政府承办的2023年全省"非遗进景区"示范性活动在陇南启动。甘肃省文化和旅游厅党组成员、副厅长吕兴来讲话并宣布"非遗进景区"示范性活动正式启动，陇南市副市长刘诚、宕昌县委书记王强出席并致辞，全省各市州文旅部门、景区相关负责人、传承人代表等共计400余人参加了启动仪式。本次"非遗进景区"示范性活动的主题为"发展非遗旅游　促进文旅融合"，旨在为非遗传承群体参与旅游发展提供便利条件，推动非遗持续为旅游提供丰富的文化资源，促进非物质文化遗产长久保护和永续利用。启动仪式结束之后，开展了特色非遗展演、非遗与旅游双向交流培训会、甘肃省知识产权普法之走进非遗百场宣讲活动、惠享非遗欢乐购、非遗美食汇等一系列活动。

11月4—5日　国家级非遗项目池哥昼培训班在县文体广电和旅游局举办，县非遗中心和局文化遗产股工作人员、全县池哥昼传承人和白马歌曲传承人20余人参加培训。

11月6日　甘肃省乡村振兴局、教育厅、工业和信息化厅、人力资源和社会保障厅、住房和城乡建设厅、农业农村厅、文化和旅游厅、妇联联合印发《关于认定 2023 年甘肃省乡村工匠和乡村工匠名师的通知》，文县省级非遗传承人班冬花、班杰军入选甘肃省乡村工匠名单。

11 月 19 日　国家级非遗项目"池哥昼"展演剧目《白马寨》汇报演出在文县剧院隆重举行。县领导刘永成、贾爱会、曹斌、锁锋、王建忠出席观看。《白马寨》由文县文体广电和旅游局、文县非物质文化遗产保护中心、绵阳师范学院联合创作，旨在以实际行动全面贯彻落实习近平总书记对非物质文化遗产保护工作作出重要指示精神，对非物质文化遗产进行系统性保护，更好地满足人民日益增长的精神文化需要，更好地推动中华优秀传统文化创造性转化、创新性发展，构筑起中华民族共有的精神家园。

11 月 21—22 日　文县赴陕西宁强县考察国家级羌族文化生态保护区建设工作。

12 月 14—18 日　受绵阳师范学院邀请，文县文体旅局、文县非遗中心负责同志，以及歌舞剧《白马寨》全体演职人员，赴绵阳参加科技城重大人才活动：藏舞蹈学与数字文创相关活动。12 月 16 日晚，《白马寨》在绵阳师范学院行知音乐厅成功演出，为全国各高校参会专家学者及绵阳师范学院师生共计 400 多人，奉献了一场视听盛宴。12 月 17 日，部分人员参加了藏舞蹈学与数字文创学术研讨会议。12 月 18 日，县非遗中心主任班保林、麻昼市级非遗传承人薛行神代与各高校专家学者进行了池哥昼、麻昼教学演示和交流。

2024 年

2 月 19 日　文化和旅游部公示第六批国家级非物质文化遗产代表性传承人推荐人选名单，文县铁楼乡入贡山村傩舞——文县池哥昼传承人班用明入选。

2 月 24 日　"诗意文州·风情白马"文化旅游推介系列活动在文

县铁楼乡草河版村举办。此次活动由中共文县委宣传部主办，文县文体广电和旅游局、铁楼乡人民政府承办。活动期间，举办了第六届白马人民歌大奖赛、白马人民俗文化研究和文创成果展、白马人民俗文化体验活动。

4月28日　县委、县政府召开文县白马文化生态保护区总体规划汇报会。

4月29—30日　兰州文理学院教授徐凤一行，深入文县石鸡坝镇哈南村，开展文化遗产和资源调查统计工作，《文县哈南村文化遗产和资源保护利用整体规划》编制工作正式启动。·

6月6日　文县举办2024年"文化和自然遗产日"非遗展演活动。今年"文化和自然遗产日"的主题为"保护传承非遗　赓续历史文脉　谱写时代华章"。

6月22—23日　为深入宣传贯彻落实习近平文化思想，全面落实中宣部等关于开展2024年"我们的中国梦——文化进万家"活动相关安排，进一步弘扬中华优秀传统文化，向兰州市民、游客全面展示甘肃省独特的非遗魅力，促进非遗与旅游融合发展，助力"强省会"行动，推动兰州文旅市场持续火热，甘肃省文化和旅游厅组织开展2024"甘肃非遗大舞台"展演季——全省非遗进景区系列活动第三场次在甘肃省博物馆、甘肃简牍博物馆、黄河食渡美食街等文旅场所上演，文县白马人民歌和土琵琶弹唱参加演出。

6月26日　文县白马文化生态保护区建设工作推进会暨非遗传承人培训会议召开，县委常委、宣传部部长曹斌主持会议，市政协原副主席张金生，县政协副主席张德武出席会议。会议传达学习了习近平总书记关于加强历史文化遗产保护的重要论述，宣读了《关于对2023年全县优秀非遗代表性传承人进行表扬的通报》，通报了白马文化生态保护区建设工作进展情况，市政协原副主席张金生同志围绕做好白马文化传承保护利用作了专题辅导。会议强调，要提高思想认识，切实增强做好非遗保护传承工作的责任感、使命感，紧密结合文县实际，统筹推进非遗研究、保护、传承、传播等工作，全面提高新时代非遗保护传承弘扬水平。要坚持系统推进，加快推进白马文化生态保护区建设，对标《文县省级白马文化生态保护区建设实施方案》目标任务，加强协作配合，切实形成齐抓共管的工作合力。要紧盯传承创新，扎实推动非遗文化与文旅融合发展。加强全县非遗资源的普查、挖掘和研究，做好非遗的整体性保护，不断壮大非遗保护传承队伍，强化非遗品牌打造，扎实开展非遗文化进校园、进景区，善用新媒体平台，让非遗走出"深闺"，常态化举行各类群众文化活动，增强民众的非遗保护意识，形成社会广泛参与、人人保护传承的生动局面。县委宣传部、县委统战部、县政协办、县文体广旅局、县教育局、县融媒体中心、铁楼藏族乡、石鸡坝镇、玉垒乡、非遗中心、景顺文旅公司等相关乡镇和县直相关单位负责人以及县级以上非遗代表性项目传承人；铁楼藏族乡各村党支部书记和村主任，石鸡坝镇薛堡寨村党支部书记和村主任参加会议。

6月26日　文县举行白马人民俗文化研究会成立大会暨揭牌仪式，选举产生了第一届会长、副会长、秘书长、副秘书长等。市政协原副主席、市白马人民俗文化研究会副会长张金生，县委常委、宣传部部长曹斌出席活动并为文县白马人民俗文化研究会揭牌。曹斌指出，成立文县白马人民俗文化研究会，是深入学习贯彻习近平文化思想，全面推进甘肃华夏文明传承创新区建设、实现"特色文化大县"战略目标的有力举措。白马人民俗文化研究会的成立，将提供一个深入研究、广泛交流、共同发展的平台。他希望研究会充分发挥职能作用，积极开展白马人民俗文化的学习、宣传、研究、保护、传承等工作；希望研究会的会员以更加饱满的热情、扎实的作风、务实的举措，推动白马人民俗文化的传承保护和发展不断取得新成果。

8月2日　文化和旅游部发布《关于公示全国非物质文化遗产保

护工作先进集体和先进个人名单的公告》，文县非物质文化遗产保护中心主任班保林入选拟表彰名单。

8月3—10日　2024年全国"我们的节日·七夕"主题文化活动（甘肃西和）和第十二届陇南乞巧女儿节在西和县举办，文县多项非遗项目登台亮相参加相关展演活动。

8月5日　绵阳师范学院"2024年度国家艺术基金人才培养资助项目——藏族卓舞创作人才培训"走进文县铁楼乡白马山寨，开展田野体验活动。

10月1—29日　2024年白马人池哥昼演艺人才培训班在文县铁楼乡举办，本次培训由甘肃省文化和旅游厅主办，陇南师范学院承办。

10月9—12日　2024年陇南市非遗管理人员培训班在康县开班，陇南市文旅局非遗科、陇南市非遗中心、各县区非遗中心工作人员参加培训。

10月24日　文县非遗保护中心主任班保林荣获全国非物质文化遗产保护工作先进个人称号（文旅非遗〔2024〕79）。

11月22日　甘肃省文化和旅游厅发布关于公示第五批省级非物质文化遗产代表性项目建议名单的公告，文县申报的洋汤号子、白马人婚俗、白马人烤街火长节3项名列其中。

11月30日　文县青年歌手、非遗传承人班哲参加央视综艺星光大道周赛，成功晋级季赛。

12月9—11日　文县组织人员参加《陇原回响》非遗展演晚会——"甘肃非遗进校园"活动。

文县非物质文化遗产名录

序号	项目名称	项目类别	保护级别	批次
1	傩舞——文县池哥昼	民间舞蹈	国家级	一批
2	玉垒花灯戏	传统戏剧	省级	一批
3	文县土琵琶弹唱	传统音乐	省级	四批
4	白马人民歌	传统音乐	省级	四批
5	文县麻昼舞	传统舞蹈	省级	四批
6	白马人服饰	民俗	省级	四批
7	洋汤号子	传统音乐	省级	五批
8	白马人婚俗	民俗	省级	五批
9	白马人烤街火长节	民俗	省级	五批
10	天池的传说	民间文学	市级	一批
11	"石鸡泪"的传说	民间文学	市级	一批
12	羊皮鼓舞	民间舞蹈	市级	一批
13	傩舞十二相	民间舞蹈	市级	一批
14	龙舞	民间舞蹈	市级	一批
15	碧口评书	曲艺	市级	一批
16	傩舞面具彩绘	民间美术	市级	一批
17	刺绣	传统手工技艺	市级	一批
18	咂杆子酒制作技艺	传统手工技艺	市级	一批
19	白马藏族服饰	民俗	市级	一批
20	高台社火	民俗	市级	一批
21	白马人的传说	民间文学	市级	二批
22	肖家女子的传说	民间文学	市级	二批
23	白马人的歌曲	民间音乐	市级	二批
24	阴平小曲	民间音乐	市级	二批

附录

何谓白马

序号	项目名称	项目类别	保护级别	批次
25	石鸡坝张家沟琵琶演唱	民间音乐	市级	二批
26	白马人舞蹈	民间舞蹈	市级	二批
27	白马人民间美术	民间美术	市级	二批
28	哈南"夜春官"	岁时节令	市级	二批
29	祈雨	民间信仰	市级	二批
30	白马人的饮食	消费习俗	市级	二批
31	腊肉熏制	消费习俗	市级	二批
32	豆花面	消费习俗	市级	二批
33	文县采花调	民间音乐	市级	三批
34	甘昼舞	民间舞蹈	市级	三批
35	蜜蜂酒制作	传统手工技艺	市级	三批
36	三眼铳制作	传统手工技艺	市级	三批
37	沙嘎帽制作	传统手工技艺	市级	三批
38	白马人木刻	传统手工技艺	市级	三批
39	麻够池	传统舞蹈	市级	四批
40	柿饼制作工艺	传统技艺	市级	四批
41	手工茶制作工艺	传统技艺	市级	四批
42	民间织布技艺	传统技艺	市级	四批
43	玉垒关阴平桥的传说	民间文学	市级	四批
44	车车灯	民俗	市级	四批
45	阿尼嘎萨传说	民间文学	市级	五批
46	月调背宫	传统音乐	市级	五批
47	白马人火圈舞	传统舞蹈	市级	五批
48	石坊罐罐茶制作技艺	传统技艺	市级	五批

续表

序号	项目名称	项目类别	保护级别	批次
49	九原装老汉	民俗	市级	五批
50	新寨暖花	民俗	市级	五批
51	何道台的传说	民间文学	县级	一批
52	邓艾偷渡阴平的传说	民间文学	县级	一批
53	白马人的故事	民间文学	县级	一批
54	锣鼓草	民间音乐	县级	一批
55	中庙唢呐	民间音乐	县级	一批
56	哈南担担灯	传统戏剧	县级	一批
57	金钱板	曲艺	县级	一批
58	三句半	曲艺	县级	一批
59	坛课	杂技与竞技	县级	一批
60	白马人剪纸	民间美术	县级	一批
61	白马人泥塑	民间美术	县级	一批
62	左氏剪纸	民间美术	县级	一批
63	中寨花灯制作	传统手工技艺	县级	一批
64	龙井茶的制作	传统手工技艺	县级	一批
65	腊肉制作工艺	传统手工技艺	县级	一批
66	毛腰带和毛水毯制作	传统手工技艺	县级	一批
67	土琵琶制作	传统手工技艺	县级	一批
68	羊皮扇鼓制作	传统手工技艺	县级	一批
69	番鞋制作	传统手工技艺	县级	一批
70	碧口茶馆文化	民俗	县级	一批
71	民居营造习俗	民俗	县级	一批
72	寿材制作习俗	民俗	县级	一批

附录

文
县
非
遗

何
谓
白
马

序号	项目名称	项目类别	保护级别	批次
73	表席	民俗	县级	一批
74	花轿娶亲婚俗	民俗	县级	一批
75	二月二节	民俗	县级	一批
76	中元节	民俗	县级	一批
77	白马人庙会	民俗	县级	一批
78	天池八月十五庙会	民俗	县级	一批
79	玉垒六月六庙会	民俗	县级	一批
80	白马人语言	语言	县级	一批
81	白羽毛的传说	民间文学	县级	二批
82	池哥昼的传说	民间文学	县级	二批
83	小丫的传说	民间文学	县级	二批
84	南山婆的传说	民间文学	县级	二批
85	甲嘎蛮子的传说	民间文学	县级	二批
86	山角石的传说	民间文学	县级	二批
87	云瀑泉的传说	民间文学	县级	二批
88	红海子的传说	民间文学	县级	二批
89	毛安城的传说	民间文学	县级	二批
90	凤凰山的传说	民间文学	县级	二批
91	螳螂山的传说	民间文学	县级	二批
92	尖山卓笔的传说	民间文学	县级	二批
93	洋汤爷的传说	民间文学	县级	二批
94	白马河的传说	民间文学	县级	二批
95	古坪沟的传说	民间文学	县级	二批
96	让水河的传说	民间文学	县级	二批

续表

序号	项目名称	项目类别	保护级别	批次
97	小团鱼河的传说	民间文学	县级	二批
98	马莲河的传说	民间文学	县级	二批
99	龙巴河的传说	民间文学	县级	二批
100	秦州客的传说	民间文学	县级	二批
101	白马少年南金的故事	民间文学	县级	二批
102	白马江三的传说	民间文学	县级	二批
103	阿拜波和娥曼妹的传说	民间文学	县级	二批
104	黑沟的传说	民间文学	县级	二批
105	西京观的传说	民间文学	县级	二批
106	白马人打墙歌	民间音乐	县级	二批
107	文县山歌	民间音乐	县级	二批
108	玉垒锣鼓	民间音乐	县级	二批
109	帕贵塞	民间舞蹈	县级	二批
110	秦州客	民间舞蹈	县级	二批
111	奈个些	民间舞蹈	县级	二批
112	登嘎昼	民间舞蹈	县级	二批
113	荞凉粉制作	传统手工技艺	县级	二批
114	酒柿制作	传统手工技艺	县级	二批
115	腊肉排骨制作	传统手工技艺	县级	二批
116	杠头制作	传统手工技艺	县级	二批
117	豆腐制作工艺	传统手工技艺	县级	二批
118	背篓制作	传统手工技艺	县级	二批
119	范坝黄酒酿造	传统手工技艺	县级	二批
120	中寨箭头子制作	传统手工技艺	县级	二批

附录

序号	项目名称	项目类别	保护级别	批次
121	石磨扇制作	传统手工技艺	县级	二批
122	文县绿茶制作	传统手工技艺	县级	二批
123	文县土布制作	传统手工技艺	县级	二批
124	范坝白酒制作工艺	传统手工技艺	县级	二批
125	红豆腐制作工艺	传统手工技艺	县级	二批
126	天池辣椒面制作	传统手工技艺	县级	二批
127	纹党加工制作	传统手工技艺	县级	二批
128	柱顶石制作	传统手工技艺	县级	二批
129	尸茧布制作	传统手工技艺	县级	二批
130	米豆腐制作	传统手工技艺	县级	二批
131	麻豆腐制作	传统手工技艺	县级	二批
132	桥头造纸工艺	传统手工技艺	县级	二批
133	黄酒糯制作工艺	传统手工技艺	县级	二批
134	画老爷先人案子	民间美术	县级	二批
135	旧寨跑马	民俗	县级	二批
136	中寨门灯	民俗	县级	二批
137	抹锅墨	民俗	县级	二批
138	拜水节	民俗	县级	二批
139	下坛	民俗	县级	二批
140	水磨房建造	传统手工技艺	县级	二批
141	传老爷	民俗	县级	二批
142	下坛花灯戏	民俗	县级	二批
143	文具方言	语言	县级	二批
144	攒言子	语言	县级	二批

序号	项目名称	项目类别	保护级别	批次
145	文县童谣	语言	县级	二批
146	白马人医药	传统医药	县级	二批
147	接骨	传统医药	县级	二批
148	火圈舞的传说	民间文学	县级	三批
149	抹锅墨的传说	民间文学	县级	三批
150	薛堡寨的传说	民间文学	县级	三批
151	江油白马人避祸阴平	民间文学	县级	三批
152	创世传说	民间文学	县级	三批
153	装烟歌	民间音乐	县级	三批
154	肖氏接骨术	传统医药	县级	三批

文县非物质文化遗产项目代表性传承人名录

序号	姓名	项目类别	级别	批次
1	余林机	民间舞蹈	国家级	一批
2	余杨富	民间舞蹈	国家级	一批
3	班用明	民间舞蹈	省级	一批
4	班杰军	民间舞蹈	省级	一批
5	袁润明	传统戏剧	省级	四批
6	张才林	传统戏剧	省级	四批
7	王玉贵	传统音乐	省级	五批
8	班冬花	传统技艺	省级	五批

附录

序号	姓名	项目类别	级别	批次
9	李康荣	民间音乐	市级	一批
10	王炳录	民间音乐	市级	一批
11	何信选	民间音乐	市级	一批
12	肖祖文	民间文学	市级	二批
13	田尚勤	民间文学	市级	二批
14	刘启舒	民间文学	市级	二批
15	班代文	民间音乐	市级	二批
16	杨春阳	民间音乐	市级	二批
17	班继文	民间音乐	市级	二批
18	陈发祥	民间音乐	市级	二批
19	王贞雄	民间音乐	市级	二批
20	吕玉燕	民间音乐	市级	二批
21	张金树	民间音乐	市级	二批
22	张送成	民间音乐	市级	二批
23	班运良	民间舞蹈	市级	二批
24	班桑贝	民间舞蹈	市级	二批
25	杨付平	民间舞蹈	市级	二批
26	班正兴	民间美术	市级	二批
27	田继灵	民间美术	市级	二批
28	薛行神代	民间舞蹈	市级	二批
29	曹兴庭	岁时节令	市级	二批
30	曹 玲	岁时节令	市级	二批
31	汪连生	岁时节令	市级	二批
32	左长顺	岁时节令	市级	二批

续表

序号	姓名	项目类别	级别	批次
33	班雪仁	民间信仰	市级	二批
34	马 勇	民间信仰	市级	二批
35	班其幕	消费习俗	市级	二批
36	王尚勋	民间音乐	市级	三批
37	杨茂清	民间舞蹈	市级	三批
38	尤新民	民间舞蹈	市级	三批
39	王秋香	传统手工技艺	市级	三批
40	班进明	传统手工技艺	市级	三批
41	余国林	传统手工技艺	市级	三批
42	曹安娥	传统手工技艺	市级	三批
43	班建华	传统手工技艺	市级	三批
44	班保荣	传统手工技艺	市级	三批
45	班 哲	传统音乐	市级	四批
46	班保林	传统舞蹈	市级	四批
47	付若梅	曲艺	市级	四批
48	刘国莲	曲艺	市级	四批
49	杨志宏	曲艺	市级	四批
50	朱有季	民间文学	市级	四批
51	张仲文	民间文学	县级	二批
52	曹付元	民间文学	县级	二批
53	曹如右	民间文学	县级	二批
54	薛九保	民间文学	县级	二批
55	班禅禅	民间音乐	县级	二批
56	薛刚花	民间音乐	县级	二批

附录

序号	姓名	项目类别	级别	批次
57	余小妹	民间音乐	县级	二批
58	余雪梅	民间音乐	县级	二批
59	薛云华	民间音乐	县级	二批
60	尚考秀	民间音乐	县级	二批
61	余丑英	民间音乐	县级	二批
62	杨五秀	民间音乐	县级	二批
63	杨美娥	民间音乐	县级	二批
64	金代全	民间音乐	县级	二批
65	杨海勤	民间音乐	县级	二批
66	杨世雄	民间音乐	县级	二批
67	曹进云	民间音乐	县级	二批
68	班志茹	民间音乐	县级	二批
69	班文标	民间音乐	县级	二批
70	赵明贤	民间音乐	县级	二批
71	白雪梅	民间音乐	县级	二批
72	班新仁	民间舞蹈	县级	二批
73	班永辉	民间舞蹈	县级	二批
74	薛　刚	民间舞蹈	县级	二批
75	班进云	民间舞蹈	县级	二批
76	班桑盖	民间舞蹈	县级	二批
77	班树文	民间舞蹈	县级	二批
78	王瓜仁	民间舞蹈	县级	二批
79	王撞林	民间舞蹈	县级	二批
80	班付全	民间舞蹈	县级	二批

续表

序号	姓名	项目类别	级别	批次
81	余贵元	民间舞蹈	县级	二批
82	余八英	民间舞蹈	县级	二批
83	曹有柱	民间舞蹈	县级	二批
84	曹百林	民间舞蹈	县级	二批
85	田代全	民间舞蹈	县级	二批
86	田乃娃	民间舞蹈	县级	二批
87	班东云	民间舞蹈	县级	二批
88	薛永安	民间舞蹈	县级	二批
89	杨代成	民间舞蹈	县级	二批
90	班建基	民间舞蹈	县级	二批
91	赵东平	民间舞蹈	县级	二批
92	田夭平	民间舞蹈	县级	二批
93	杨六成	民间舞蹈	县级	二批
94	杨云平	民间舞蹈	县级	二批
95	王张成	民间舞蹈	县级	二批
96	毛玉代	民间舞蹈	县级	二批
97	薛国军	民间舞蹈	县级	二批
98	张桂成	民间舞蹈	县级	二批
99	张国文	民间舞蹈	县级	二批
100	马金柱	民间舞蹈	县级	二批
101	梁艳平	民间舞蹈	县级	二批
102	班保平	民间舞蹈	县级	二批
103	马祖祥	民间舞蹈	县级	二批
104	张忠玉	民间舞蹈	县级	二批

附录

序号	姓名	项目类别	级别	批次
105	张成林	民间舞蹈	县级	二批
106	陶世云	民间舞蹈	县级	二批
107	陈建民	民间舞蹈	县级	二批
108	金　代	民间舞蹈	县级	二批
109	金东代	民间舞蹈	县级	二批
110	金代平	民间舞蹈	县级	二批
111	班代寿	民间舞蹈	县级	二批
112	尚彩平	民间舞蹈	县级	二批
113	尚家代	民间舞蹈	县级	二批
114	高代元	传统手工技艺	县级	二批
115	杨全录	传统手工技艺	县级	二批
116	班保佑	传统手工技艺	县级	二批
117	张文生	传统手工技艺	县级	二批
118	余如贵	传统手工技艺	县级	二批
119	班付平	传统手工技艺	县级	二批
120	班柱布	传统手工技艺	县级	二批
121	金利国	传统手工技艺	县级	二批
122	杨　永	传统手工技艺	县级	二批
123	汪小慧	传统手工技艺	县级	二批
124	马贵军	传统手工技艺	县级	二批
125	马小龙	传统手工技艺	县级	二批
126	张金树	传统手工技艺	县级	二批
127	潘艮素	传统手工技艺	县级	二批
128	聂苏桃	传统手工技艺	县级	二批

续表

序号	姓名	项目类别	级别	批次
129	张仲平	传统手工技艺	县级	二批
130	孟兴均	曲艺	县级	二批
131	袁 军	曲艺	县级	二批
132	袁世明	曲艺	县级	二批
133	袁碧峰	曲艺	县级	二批
134	王清国	曲艺	县级	二批
135	张有奎	曲艺	县级	二批
136	张希贤	曲艺	县级	二批
137	张才元	曲艺	县级	二批
138	张宏峰	曲艺	县级	二批
139	张 成	曲艺	县级	二批
140	王进平	曲艺	县级	二批
141	张 志	曲艺	县级	二批
142	朱长军	曲艺	县级	二批
143	张德全	曲艺	县级	二批
144	童靖国	曲艺	县级	二批
145	刘宗元	曲艺	县级	二批
146	张继荣	曲艺	县级	二批
147	张齐成	曲艺	县级	二批
148	高永兴	曲艺	县级	二批
149	刘爱香	曲艺	县级	二批
150	呑丑仁	曲艺	县级	二批
151	杨丑生	曲艺	县级	二批
152	杨宝贵	曲艺	县级	二批

附录

文县非遗

何谓白马

序号	姓名	项目类别	级别	批次
153	张献文	曲艺	县级	二批
154	曹润秀	民俗	县级	二批
155	曹小宁	民俗	县级	二批
156	毛菊莲	民俗	县级	二批
157	黄焕娥	民俗	县级	二批
158	杨　秀	民俗	县级	二批
159	班继明	民俗	县级	二批
160	杨王代成	民俗	县级	二批
161	胡正荣	民俗	县级	二批
162	吴永祥	民俗	县级	二批
163	班玉艳	民间美术	县级	二批
164	班卫红	民间美术	县级	二批
165	班运红	民间美术	县级	二批
166	班运花	民间美术	县级	二批
167	班付秀	民间美术	县级	二批
168	毛莲莲	民间美术	县级	二批
169	余铁梅	民间美术	县级	二批
170	金海全	民间美术	县级	二批
171	杨代全	民间美术	县级	二批
172	李　辉	民间美术	县级	二批
173	班西亚	岁时节令	县级	二批
174	金利迈	岁时节令	县级	二批
175	班慈英	岁时节令	县级	二批
176	余布秀	岁时节令	县级	二批

序号	姓名	项目类别	级别	批次
177	余林美	岁时节令	县级	二批
178	马岁莲	岁时节令	县级	二批
179	田代林	岁时节令	县级	二批
180	杨干女	岁时节令	县级	二批
181	余流源	传统医药	县级	二批
182	余武仁	传统医药	县级	二批
183	杨贵元	传统手工技艺	县级	三批
184	齐保安	传统手工技艺	县级	三批
185	张文生	传统手工技艺	县级	三批
186	衡 霞	传统手工技艺	县级	三批
187	谢吉平	传统手工技艺	县级	三批
188	刘贵昌	曲艺	县级	三批
189	赵建平	曲艺	县级	三批
190	张海燕	曲艺	县级	三批
191	刘树雄	曲艺	县级	三批
192	刘天香	曲艺	县级	三批
193	刘海珍	曲艺	县级	三批
194	张萍花	曲艺	县级	三批
195	郭代昌	民间美术	县级	三批
196	孙玉芬	民间美术	县级	三批
197	杨代关	民俗	县级	三批
198	张万义	民俗	县级	三批
199	肖文彤	传统医药	县级	三批

附 录

大型歌舞剧《白马印记》剧照　班保林/摄

大型原生态歌舞剧《白马寨》剧照　曹苑殊/摄

艺文

寻梦白马河

□ 李世仁

走进白马河

白马河，一条绿莹莹的曲线，从文县城西山地里流来，流出了久远，流出了万古。千山挺立，万木争荣。贫瘠的土地里生活着白马人，深厚的森林里栖息着大熊猫。山，是他们的后院，林是他们的屏风。昨天是蛮荒，今天是净土。悲伤杳杳，歌声扑面。

汽车逆白马河行驶，迎面而来的一草一木与历史的零碎册页不断交织、叠印……

公元 581 年，持续了几百年的战乱终于结束了，以中华民族空前的大融合告罄。

那时正是五胡中一个叫氐的民族最后一个地方政权灭亡后的第二年。此后，这方土地又有两次少数民族入主过，头一次遭受吐蕃横扫，第二次遭蒙古兵杀戮，还有李自成农民军骚扰，吴三桂反水后的掠地。又有白马河番民不断反抗朝廷、不断被镇压的惨烈。没有平静的生活，只有倒悬的心。因此他们刀不离手，翻穿皮衣，随遇而安。他们背倚的是山，相伴的是熊，多见的是乌鸦，少见的是喜鹊。他们的舞姿是愤怒的发泄，歌声是凄怆地诉说。他们把所有的恩怨情仇凝结成"池哥昼"。

历史的长河流到 20 世纪 60 年代，在中华人民共和国成立十五周年的北京城里，一位伟人询问身边的尼苏：你是什么民族？问话者不经意，被问者一时懵懂。返回家乡后，乡亲们坐不住了，不断地问自己，我是谁？我们是谁？竟然无名无姓。他们被折腾疲惫了，疲惫得进入梦魇，一梦，十四个世纪！除了大山，除了自身，别无他物。

他们不能不明不白地活着，他们要释梦，他们必须释梦！他们的诘问唤起众多历史学者和社会学者，目光聚焦四川平武、南坪、甘肃文县的大山深处。社会学家说话了："平武藏人在历史上并非藏族的可能性是存在的。"啊，这难道是天地轮回的约定？

清风微微吹拂，坡坡坎坎上绿色渐淡，山顶上撒下一簇一溜红黄，在成熟了的灿烂里有一丝苍凉蔓延下来。一丛丛路边野菊开着带苦味的黄花，摇曳笑脸，活泼得可爱。河水撞击卵石，一个冲，一个挡，哗啦啦，哗啦啦，奏着激越的天籁交响。

这河，在当今地图上标的是：白马峪河。她跌跌撞撞了几千年，吃语般嘀咕了几千年，呻吟了几千年，笑声少，唏嘘多。

这河，本应叫白马夷河，现代人图方便，省去了一个"夷"字，也从无意中忽略了一群人，淡化了对一个民族的记忆。

民间的口语没有被抹去，对规范了的地名置若罔闻，"白马夷"一语还顽固地不离嘴边，难改其口。

看起来是一条清凌凌的河，一条有青枝绿叶相拥的河，一条急于见到大江大海的河。其实，是一条沧桑的河。它也会发怒，而且怒不可遏，墙倒房摧，山垮石飞。

这河，在沉寂了千年之后，终于露出了笑颜，笑得杨柳春风，笑得青山点头。一个浅浅的酒窝就藏有一个故事，一个眯起的眼缝、龇开的唇里就是一出悲剧。

傍依河水的公路，弯弯曲曲，连缀梦里的山寨。山山岭岭，逶逶迤迤里，住着的便是那些与名讳不符的人。他们心灵深处只知自己是白马人，历史把他们遗忘了，也搞糊涂了，而他们依然顽固地坚守着。

日出而作，日落而息。

狼来了打狼，虎来了撵虎。

忍无可忍了，也磨刀提斧。

池哥昼跳着，舞动着前世今生。

歌儿唱着，诉说根与脉，枝与叶；给他们的后人留"话把"，晓谕根生历来，以传承以发扬。

白马河流域的守望族们，不藏，不羌，不汉，语言独特，服饰美艳，习俗古朴，陇上一绝，华夏独有。

沙嘎帽戴着，为的是感激雄鸡的一声高叫。

历史也说：文县，古为阴平道。县有蛮夷曰道，道居蛮夷者：白马夷。

历史让我们幡然醒悟，始知平时的口头语"白马夷河"是准确的，也是化石般的证据。

切开一个断面，查看氏族年轮，至少在西汉时，文县就是氏族家园。最兴旺的岁月，当数南北朝。那时，他们趁五胡乱华，衣冠南渡，也借机把阴平道、阴平郡营造成了阴平国。

他们灵活应对，国势衰微时就势为国王，为郡主，在乱世中求生存，得紧跟一个"乱"字，于是便有了一路进取，一路流亡，推来搡去，投南靠北，到北离南，能屈能伸，君王的瘾也过，刺史官帽也戴。

世道一乱百年，甚至几百年，他们在其中起伏沉降，搁置过多少可歌可泣？

急风暴雨后的戛然而止，留下一长串省略号，里面藏匿着多少谜语？

他们是怎样穿越千年的？

白马夷河与白水江相交处的阴平大城，这些曾经战国时氐羌据焉的地名，历永嘉之乱，被一句"自后氐羌据之，不为正朔所颁，故江右诸志并不录也"，变得扑朔迷离；又经后魏平蜀，隋末战乱，唐季一统，吐蕃东进，再动乱……留下了白马河畔的肖家山、迭部寨旧城、

薛堡寨的毛安城……也留下了一些驻扎、防御、瞭望、传信的地名，曰堡曰寨曰墩，充满警惕……

《水经注》里说："又有白马水……而东北注白水。白水又东经阴平大城北，盖其渠帅自故城徙居也。"

那是北魏人留下的注释文字。

我们来到阴平寨，我们来到旧寨，我们来到铁楼寨。这些寨，至少是南北朝留下的遗迹，尽管白马人现在眺望于山梁高处，一个"寨"把他们的家园铁定给了白马人，汉族是外来户。这里有过白马人筑的城堡，也有朝廷钦定的县治。

我仿佛看到了时光深处的忧伤，听到了阵阵马蹄声，在岁月的烟云里回响。

白马人，在一片喊杀声中突围出来。我感到了阵阵寒意，激烈的、你死我活的、血流成河的、失妻丧子的……我不敢想了，一想就惊悸。

丧失了家园，丧失了河谷，丧失了话语权，任人宰割。

一句沧海桑田，盖过了他们的辉煌，他们的种属，却没有盖过伤痛。

史家笔下，他们成了白马番、白草番、文州番、白马夷。虽然，正朔不颁，诸志不记，唐宋以来他们仍在不屈地抗争。

宋至和元年（1054）三月，文州番入寇；熙宁八年（1075）七月，文州番入汉界；淳熙二年（1175）寇文州；庆元中（1195—1200）寇文州；明崇祯八年（1635）马百户毛安部番反，守备张兆勋战死，文武官弃城而走；次年，白马峪部番叛，旧寨以东民俱入城；清顺治三年（1646）八月，白马峪马总、胡登旺等袭入上城，紧接着中路杨挺、刘口，上丹堡田自珍、姚大文，哈南寨李旺等一时俱叛，官兵征剿，死伤无数；咸丰十一年（1861），史称"辛酉之变"，南坪营番部欧利哇围南坪城，复与白马峪班银鱼子为盟反清，文县县令常毓坤抵铁楼寨被俘，三日得救。官家用尽解数，一面招抚，一面训练团勇，一面向上求援，从固原、定西调来两千多兵士征剿，前后一年有余，始平定。惧怕、战栗与他们不弃不离、死死纠结。

苦矣哉，多灾多难的民族！

案板地

有一年，大熊猫受灾，我进山慰问救灾队员，路过一个叫案板地的白马山寨。时值初冬，坡陡峭，路崎岖，空中飘着雪花，大地庄严肃穆。案板地与石门沟村相连，上下呼应，一村近林，一村临溪。山垭里奔来的溪水不知疲倦地为人民服务，将几轮水磨冲击得卖力旋转。磨面的白马藏族妇女有出有进，鲜艳美丽的服饰，经面粉喷染，饰纹朦胧，素雅贞洁，愈见韵味深邃。刹那间，一曲女高音，以绝对优势盖过叶轮和石磨轰响，飘逸出清脆且略带忧伤的旋律，感心动耳，沁肝入肺，怡情悦性。

我不唱了心里急，唱了三声泪下了。

我在山上三天了，最苦的日子都忘了。

双轮磨里磨面哩，石头打得乱錾哩。

你把石头慢些打，贪花还在半夜家。

与乡村隔膜久了，聆听这么纯粹野趣、有情有爱、有惆怅有悲凉的山歌，让人感慨万端。这分明是千百年来，备受歧视与罹难的民族，从心底发出的悠悠诉说和对生活的无限向往啊！

那时，我对白马人一无所知。

那时，白马人还未真正走出历史的天空。朋友张金生欲将白马人颠扑蹉跌的古，扬眉吐气的今，择其荦荦大端，编一套《白马人民俗文化图录》，留给白马人，留给社会。张金生是一位文化自觉者，文化抢救者，也是一位热爱家乡的官员，与浮躁的打造某某无关。一个秋日他邀我同去白马山寨，第一站就是案板地。

坐乡领导的自驾车，溯白马河而上，在一个叫小沟桥的地方拐入另一条溪流。溪流不大，却比白马河有声威，可感自然伟力，可品原始野趣。雨后初晴，这一方山川明媚得惊心动魄。大部分庄稼已收割，剩下的是晚秋作物。山林熟透了，绚烂得如朝霞辉煌、晚霞飞度，灌丛中细碎的小花，比春天娇胜夏天艳。离村不远，两寨之间的崖窟里喷泻出一道白练，环绕紫红色"云瀑寺"，而后垂挂于百丈悬崖，宛若银河洒落。其声湍湍，如银瓶乍破，风雷怒号；其声潺潺，如琵琶弹唱，似观音阁里钟声回荡。

瀑布落地，归于树荫深处，那些经年转动的水磨，依然支撑在古老与现代的交接口，眼巴巴瞅着兴高采烈的溪流带着一团团浪花奔向清晨的白马河。时空转换，水磨，已无人垂顾，憔悴地站在山寨之外，长满青苔的渠道里还有些剩水，无声地嗫嚅着，像是蓬勃日子过后的回味，又似暗自叹息。

我走向山寨高处凝神静睇：熟悉的陌生了，陌生的又似曾相识。昔日是板屋柴扉，篱笆围栏，褐土墙，蜡黄的挡风竹笆，泥淖淤巷，蚊飞蝇舞。门对的山峦苍茫，背依的森林幽深。白天熊猫进寨做客，夜里野猪隔院号叫，啄木鸟敲击出单皮鼓般的鼓点，喜鹊翙翙，锦鸡嘎嘎。小径上遍覆叶屑，出栏的牛羊踉跄奋蹄，把残叶弄得纷纷扬扬。我似乎隐隐约约看到了"排其种人，分窜山谷间"时，那些拖儿带母的回望和惊恐的身影……俱往矣，眼前的寨子，容光焕发，平平整整的水泥路伸向家家户户，听不到牛哞哞，鸡咯咯，也无猪崽哼吱哼吱挡道，更不怕群狗上蹿下跳，汪汪狂吠。人有厕，畜有圈。静静的，净净的。浓绿调色板中掺入白色，焕然生机。一律二层砖木结构青瓦房舍，一家一院，疏离得当，传统又不失时尚。红红的苹果颔首，黄澄澄的玉米棒子笑脸迎人。未变的是那几棵老槐树，依旧是逝水年华的刻录者，如出寨入户村民们的守望神。

村长领我们去用午餐，走进院内，从房屋改造的旧迹中，恍然想起我在这家住过一夜。只是屋檐下，让屁股蹭得光溜溜的石头和石头上衔旱烟锅的老阿婆老大爷，还有那一张张饱经风霜的脸——没有了。黢黑厅堂，火塘，鼎锅，三脚，吊链，以及老阿妈独有的座位——不见了。代之以敞亮，几净，瓷砖铺地，沙发，电视，功放机唱响时代欢歌。我的五脏六腑被搅动，激情畅扬。

午餐是鸡肉、熏腊肉、山野菜，五谷杂粮泡酒。主人换上簇新礼服，顿觉满堂生辉。一直陪伴我们的乡干部，即兴唱起酒曲，热烈嘹亮的嗓音萦绕屋梁。当小伙儿头上白鸡翎子拂过的那一瞬，神情立刻肃然，一组悲壮镜头渐次映现：官兵蜂拥攻打白马山寨，白马人寡不敌众，杀出一条血路，扶老携幼亡命他乡。一日，疲惫不堪的白马人露宿密林，不想官兵悄悄尾随而来，生死关头，一只白公鸡飞向正在酣睡中的人群，引颈啼叫，白马人一跃而起，才发现官兵已近在咫尺，他们以一当十，殊死抵抗，终于摆脱亡族灭种之危。白马人牢记白公鸡救命之恩，以白羊毛擀成毡帽，特地插上白公鸡羽毛，当作劫后余生永志不忘的标识。

公路为梦想导航，接通五洲四海，山寨从岁月隧道里眺望世界，把烟雨迷离中遥望的人们送出大山，释放贮藏过久的渴望。我曾担心在时间的磨砺中，在现代大潮的冲击下，心灵深处保留的情愫会丢失，也担心山寨积淀的底蕴、白马人血脉里固有的精髓、质朴和执着，经不起海洋波浪的撞击，抵挡不了甜蜜时尚的诱惑，会蜕变、异化，要是特质消失了，还会是多姿多彩的白马人吗？

我的担心是多余的。村东有座比普通民居高大的建筑，外墙的浮雕是"池哥"面具，还有一顶"沙嘎帽"，画栋雕梁，是村民聚会娱乐的场所。一个从艰难跋涉中走过来的民族精髓都浓缩于其中。

从庄稼地里回来的三位中年妇女，路过老槐树，背背篓，扛农具，身穿月青短裙，红白点缀衣襟，藏蓝装饰袖口，鹅黄紫红镶裙边，红头绳串就的鱼骨缠束满头黑发，仿佛仙姬冉冉而来。启舒如获至宝，咔嚓咔嚓不停地拍照。

秋收接近尾声，收黄豆、打花荞、榨酸菜、煮泡酒……五谷丰登，不亦乐乎。庄稼已归仓的，青壮年陆续出外打工，女眷开始扎花绣衣。交谈中，他们说，新事物要接受，传统绝不能丢。夹克要穿，西装少不了，男女礼服人人都得有，以备逢年过节或重大场合穿戴。每年正月的"池哥昼""圆圆舞"不可或缺，为天地神灵还愿，为祖先告诉平安，也为口传心授千古历史的必修课。

下山的路上，我频频回眸粲然醒目的山寨，让我怀想无限，欣喜无限。我的神经震颤有声，我的血脉如大河掀浪。我看到，白马人这朵奇葩在遥遥的沉寂后，和着青春的脚步重现芬芳了。

到沟口，又与白马河谋面，水向东，我们向西，河水不认识我们，从前方欢腾而来，又从身后扬长而去，是我们蒙昧还是流水无情呢？不管它，我们怀揣一个愿望：试图到更多的山寨解梦。

前世今生白马人

秋日，五彩的秋日。

汽车在大地的经脉里盘旋，旋上半空，旋进一个叫强曲的山寨。

房子建在阶梯台地里，路是黄土上插的木棒搭起的栈道，残留的古老让人思绪翩翩……

这栈道，正合《后汉书》"土地险阻"之语。

也可以看出命运多舛的白马人，被驱赶于山山岭岭，演绎着多么辛酸悲凉的人生！

白马人，刚遭一次大地震，灾后重新恢复的民居，舒适明亮，却缺少了古韵，缩短了与汉族民居的距离，要不是春节作为纽带，衣食住行等标志性的差异已经难以辨认了。

这种发展让人欣喜，也让人担忧。无论什么民族，现代化都是必由之路，也是告别以往的祭坛。

白马人，我一直都想从远古陌生的身影里寻找他们的游魂。

今天，站在其生息地，太阳普照，岚气氤氲，山岭茫茫。

白马人从何而来，白马又何在？

《史记》里说："自嶲以东北，君长以什数，徙、筰都最大；自筰以东北，君长以什数，冉駹最大。其俗或土著，或移徙，在蜀之西。自冉駹以东北、君长以什数，白马最大，皆氐类也。"

《后汉书》道："白马氐者，武帝元鼎六年开，分广汉西部，合以为武都。"

《水经注》载："白水又东南经阴平道故城南，王莽更名摧虏矣，即广汉之北部也。广汉蜀国都尉治，汉安帝永初三年，分广汉蛮夷置。"

《通典》曰："阴平郡文州，古氐羌之境，汉开西南夷置阴平道。"

如此看来，久矣，久矣。

他们活跃在甘陕川三角地带的秦巴山区。前秦、后凉、成汉，响亮了中华大地；仇池以及武都、武兴、阴平半独立政权，可圈可点。

天下事，合久必分，分久必合。中华民族经过大分裂，大融合，再重组，公元581年，一番风云激荡，活跃了几百年的氐民族慑服于汉族政权，曾是氐人的后人们，失去了驰骋舞台，逼迫同化于汉族或他族。祸不单行，中华版图的西部又一支劲旅崛起，青藏高原上的吐蕃人策马东进。

宝应元年（762），洮岷以东至清水县，其武、秦、渭、成等州均已陷于吐蕃。仅剩文州、龙州的氐人，强权之下岂有完卵，有崇山峻岭优势依托的一部分氐人，怀着无奈带着曾经的光环藏匿于深山。

普天之下莫非王土，历史的记忆模糊了，不等于当权者忘却。奴役，压榨开始了。

有文字可考的有：宋熙宁八年（1075）文州番入汉界，官方竟以斫一番贼首级者赏大铁钱四贯，获三人首级者除赏外，免户下诸般差役……

不著文字，比文字还要深入人心的血腥地名就有：杀氏坎、杀番沟、杀番坝、杀番岭、杀番梁、杀番寨……

哪里有压迫，哪里就有反抗！当汉族人喊出"见番不留"的口号时，他们以牙还牙："见汉砍头！"

高山造就了他们剽悍的身躯，五谷杂粮养就粗狂与果敢；岁月中颠簸出了勇猛与善良。

青稞酒催生血液中不屈的动力，岷山是屏障，摩天岭是摇篮，一生都走不出的家园。

白马人，摩天岭山中傲然挺立的苍松，阴平道的崎岖与险峻，造就雄健与骁勇，至今，保持着千年一贯的执着，活跃在波涛起伏的绿色中。我目视庞大的"池哥昼"队伍，踢踏旋转，扬剑挥拳，嚯……嚯……声如洪钟，声震山岳，一支雄健的劲旅！我肃然起敬了。

今天他们的脉络基本廓清，他们自己给自己一个折中的名字——白马人。在甘肃，在陇南，在文县的白马人，白马夷河居多，丹堡河、石鸡坝、岷堡沟、中路河、洋汤河、龙巴河散居。

这里是最古老的寨子。山后的山神庙小而庄严，山神爷的牌位立在供桌上，色泽陈旧但不失威武，尤以一双穿透古今的眼仁令人发怵。供桌前烧过的纸屑随风旋舞，香盘里香把儿、蜡烛把儿密密麻麻。门前白马河远远地在峡谷里闪着亮光。一箭之外，有几块巨石摆放于明堂，还带领一些小石头增强阵容，石与石之间有根柏树相隔，青青的细叶朝天竖起一支大笔，不大不小，与小庙正般配，是山神用来写奏本呢，还是特意营造的景观呢？显得既古怪，又神秘。

我在心中模拟正月十五迎火把的情景：晚饭后，全村人手持扎好的火把来到这里，在庙前点燃篝火，手牵手围火而舞，舞得浑身发热，两颊冒汗，头领一声令下：点火把！第一支火把向下一指，众人紧跟，火把左右晃动，黑夜之中，一条金红色的龙，沿山梁蠕动，边舞边唱，边唱边吼，吼声若雷，有一种撼动山川的爆发力，像冷兵器时代军队的夜战。

大家都来迎火把，五谷神灵迎进家。

焚香来祭五谷神，只望今年好收成。

跳至村寨中央，将未燃尽的火把投掷在一起，继续跳，继续唱，直唱到山山呼应，村寨沸腾。

庙后山坡上是庄稼地，大块大块的，地里整齐地簇着一溜溜收割好的秋荞。每块地里都有几个人忙碌。原始的脱粒方式：地上放一条毯子，蓝衣服的人一手抓两捆、两手抓四捆，将扎好的红艳艳连秆荞穗儿，丢在毯子上，毯子外站二人，穿劳作时简装，青布短袍外套坎肩，光头、绑腿、胶鞋，两人几乎一样，差别只是新旧而已。一人手握一根六尺许木棍，不停地打击荞穗儿，打一阵，翻个面，很快毯子里荞粒便厚厚一层。此种脱粒方法不知延续了多少代，为什么还有如此顽强的生命力？按理，它应该死亡，而它却活着，活得还无危机感，依然潇洒。

沉醉的酒歌

正月十五之夜，是白马人最为隆重的一夜，最惹眼的数舞火把，有月亮气氛浓烈，无月之夜更有韵味，从山神庙里舞到村庄，家家焚香化纸，户户迎接五谷神。

满堂的灯火隔绝了夜的深幽，月光的清凉，植物的芬芳，虫唧唧，鸟啁啾。

在家翘望迎火把队伍的老人、少儿和妇女，齐齐将归来的勇士们接入院落，又一次高潮来临。以酒而起，以酒而落，是白马人不变的规律。火塘里，烈火熊熊，长桌上美酒飘香。酒助兴，酒为媒，酒是白马人的凝结剂。

大碗美酒盛满浓情，今天是个欢乐的日子。

架上的公鸡也在鸣，我们尽情地唱啊跳啊，白马山寨一片欢腾。

香甜美酒敬给你，心中歌儿唱给你。

唱起酒歌想起你，喝起美酒想起你。

今天相会在一起，不醉不休不分离。

观看火把夜，一次次激动，一次次震撼，是一次人生洗礼，是一次忘我之旅——我欣喜若狂。热烈——激昂——浪漫——歌为苦乐年华代言，歌为天地神灵敬献。

歌声越过高山，音符随峰峦蜿蜒，旋律在溪流上跳荡。

大地上的一切在梦中被歌儿唤醒，小草尖顶几粒露珠静静地聆听，树木不住地枝摇叶蹈，歌声飞扬，在绿色中徜徉。

整整一夜，激情——沉寂——生命又一次开篇，黑夜——白昼——寒冷——温暖，吟唱漫漫长夜，咏叹死亡与再生的故事。

一道天启，光明君临，自然之神力，生命从沉默中再现青春的线条。

白马人，在舞中、歌中彰显着尊严与华贵，曾经沧海的气度。舞，挣脱桎梏；歌，唱出满天彩霞。

风，轻轻吹拂，黎明的火焰又一次被唤醒，在山寨上空冉冉升起。

烈火映天，送走了满天星斗；鼓乐声声，唱响了东方晓白。

一年一年又一年，一代一代又一代，粗狂不改，野味不改，顽强不改。

飘逸沙嘎帽

与白马河的白马人相会在高山之巅，相逢在时光深处，一见倾心，再见心颤。

尤其是沙嘎帽，白马人意识中感恩的图腾，乍看怡然，细品高洁。

洁白的荷叶边，贴上扇形的锦鸡项毛，插两支白鸡翎，红黑线条环绕，再绣上太阳花，一顶让人永志难忘的头冠，似蓝天里游走的云霓，乘着歌声飘荡，飘过万水千山，在每一个白马人心头驻扎。

我从曲水故城而来，沿白马河相反的脚步而上，爬坡越岭，是梦在指引，还是为了解开谜底或者好奇？

古老的山寨，千年的老槐，青、白、红装束的人群，女子的鱼骨牌，无言的衣饰，费解的谶语，引导你步入悠远，从人间到天堂，从天堂到人间，寻寻觅觅。

丧失家园，长途跋涉，饱受亡命惊恐的人们，在静谧的山林中沉沉入睡。白公鸡自天而降，吹响了生的号角。灾难过去了，白鸡尾毛成了白马人永远行进的路标。

林间清风，瑟瑟树枝，云间明月，冷冷大地，他们的暮色太深沉，只有长长的日子，望不到底的模糊时间。权贵们享用岁月，白马人苦熬年轮。水深中，火热中，用一种特有的记忆方式，渗入清冽的五谷酒，融入苍凉的歌声，我沉浸在他们的疼痛里，我默默地叹息。

白鸡尾毛在胸前晃荡，酒歌声里浓浓的祝福，我领略了白马人的夙愿，也让我迷蒙的心释然。我的心灵被辽远的旋律净化，一尘不染，犹如湛蓝天空下白云拂荡……

正是酿酒的季节，坐北朝南的一家院落，两位中年妇女正在给煮熟的五色粮食撒酒曲，溜尖一座小山，从厅房中央隆起。上山下河，背日头度岁月全靠它激活疲惫身骨，迎客送宾离了它不成礼仪。正月初一到十六没有它的加入，池哥无劲，池母无神，手无力招，脚无力跳。有了它，山梁起舞，火把冲天；有了它人神共喜，万物生辉；有了它，

舞姿更豪迈；有了它，鸡翎更妖娆。

一间向西的木楼挂满彩色布料，旁边配一串沙嘎帽，有位妇女正在绣帽花，帽子两侧绣的扇子花，后面绣了一半，说是鸡爪花。花的头饰彩的裙，在白色毡帽上穿针走线，她已归于民间艺人之列，时代把大多数人拥入潮流，只给予少数人将工艺坚守，进而演变为一门艺术，一门需要抢救的艺术。

我在寨科桥一次池哥表演会上，看到五十多人的舞蹈队伍，尤其是女性，那团队好有声势，好气派！服装之华丽，帽子之漂亮，让人怦怦心跳，不像彝族妇女的衣服和银冠，那样豪华，那样珠光宝气，它简约高贵，在我见过的少数民族头饰中，它的适用性、象征性鳌头独占。

我跟了一路，一直跟到邱家坝，我如醉如痴。

一个值得探究的民族，一个穷尽一生也未必能读懂的民族！

雄浑"池哥昼"

班家四山，白马人最初的家园。

山寨的夜晚，沸腾。炮声隆隆，鼓钹铿锵，人如潮涌，"池哥昼"队伍围火而舞。向上苍诉说，与祖先对话。

被苦难岁月造就的强健身躯，反穿的羊皮袄，火红腰带，白色绑腿，牛皮筒鞋。黑红面具上铜铃似的双目，鹰钩鼻，嘴咧血盆，獠牙外龇，头束七彩，锦鸡翎子飘绕，一手利剑，一手执牛尾刷的池哥，如煞神。魔见散魄，鬼见失魂。斗凶顽，驱邪恶，杀猛兽，上可顶天，下可立地，铁骨铮铮。面如菩萨的池母，身穿百褶裙，背负山川与日月，母仪万物，包容天下。乞丐相的知玛，面垢如漆，破帽遮颜，一家三口，游移于队伍之后，那是流离失所寻见亲人后的辛酸、悲切、惊喜。

山野里，篝火燃起来，池哥昼翩然而起，歌声飞扬：

白马城是什么城？白马城是铁打的城。

过去跳的地方是这里，过去舞的地方是这里。

村寨再大是村寨，城池再小是城池。

安营扎寨谁占先？白马先祖他为先。

过去的城池谁先占？白马人的祖先最先占。

咚咚羊皮鼓，似反抗，似出击，抑或是与野兽拼搏助威；钹与锣的激越里，有斗风雨、斗妖孽的鼓动，也不乏丰收的喜悦，节日欢腾，宴安时的祥和。我无数次观摩，无数次惊叹。

或许是千年沉默后的迸发，或许是千年受压发出的怒吼，或许是千年积淀的豪情，或许是初见光明后的狂欢。

在舞与歌的盛会里，每一次我都会陷入无尽的遐思。在他们一招一式的肢体语言里，在他们的哀伤里、愉悦里陶醉。时而泪水盈盈，时而神思律动，时而闭目驰骋。

尽管我不懂，但我想努力打开那一道横阻在前面的墙，像崂山道士那样出入自如。

他们的祖先不缺英雄，前秦的，仇池的，阴平国里的，都是他们的崇拜对象，也是他们的骄傲，他们的荣光。

山梁，是白马人的舞姿，寨绕山梁，舞绕山梁，歌绕山梁；山梁，成为一幅白马人的剪影。蓝蓝的天空上，流云散淡地悬浮；青青的森林，琵琶的低诉中，牛羊默默地吃草。

我则在时间与空间的夹缝里，怅望着。

天地间万事万物在轮回中萎谢消亡；大地永恒，血脉永恒。

白马人，奔波在地狱与天堂之间，一代又一代，舞，一直舞着，威武雄健，超逸绝尘，发扬蹈厉。白马人无文字，时代敞开了胸怀，这舞无疑是千古流芳的诗句了。

艺
文

229

美丽的白马姑娘

白马姑娘，迷路千年的天使。

像无数种花卉在一个花圃里开放，艳丽却无名。和春天一起前行，却往往被春天抛弃，在扼杀中绽放，在霜雪中凋零。像飞不出森林的凤凰，日复一日，年复一年，依然自强不息，初衷不改。

千年后的又一个春天，山旮旯里的花儿在旭日照耀下光彩夺目。

一本杂志封面刊登了一张白马少女照片，气若幽兰，纯情无暇，足可使彩云黯然，花儿羞涩，锦绣失色。

玫瑰色的头绳，杂于一头乌发中，发际配一圈闪亮鱼骨牌，本来生动的脸，更显清丽秀雅，朝霞一般妩媚，像一首抒情诗，"巧笑倩兮，美目盼兮"，目似一泓清水，遥望爱情，遥望未来……

纯洁、智慧尽在那一张和煦的脸上。

白马姑娘不但勤劳，而且温柔善良，尤以歌喉甜美、舞姿婀娜而著称。

几千年的艰难在歌中跌宕起伏，几千年的期盼在舞中徜徉。

哪一场歌会都少不了姑娘们的清丽歌喉，哪一场舞蹈同样得有小鸟依人的翩翩身姿。

不要以为那是一张定格的脸，我以为那是一张耐人寻味的脸，比歌唱时阳光，比舞中的内涵还要丰富。

我仿佛看到了，翩若惊鸿的姑娘们，袅袅而来，迎接如梦年华，七彩的百褶裙，仪静体闲、柔情绰态，凤鸣朝阳一样华贵，秀雅绝俗，美目流盼、桃腮带笑、含辞未吐、说不尽的温柔可人。

看见了白马姑娘，就想起了白马人朋友讲述的小凤凰。白马人把与他们生活在一起的锦鸡比作凤凰。因为美丽，他们崇拜锦鸡，以为神鸟，吉祥鸟。

锦鸡有金黄色丝状羽冠，橙棕色披肩，金黄色身体，背上撒几点深绿，腰羽深红，褐色尾羽缀上些黄色斑点，黄嘴朝天，黄脚立地，那一副娇容人见人爱，故而白马人认为锦鸡好比天空中的虹霓，林中的刺玫瑰。展翅似孔雀，着地比凤凰。他们在说媒招亲时夸赞姑娘都以锦鸡相比，那夸赞让姑娘们笑在脸上，甜在心头。山间处处锦鸡飞，山寨到处有姑娘甜甜的歌喉。锦鸡是山野的灵魂，姑娘是白马山寨的一道道彩虹。

活化石

朋友张金生，三年前约我同去白马山寨，这一天，天阴沉沉的，人打不起精神。我们进石门沟、上强曲、走寨科桥、过草河坝，到迭部寨已是下午，正当我们担心下雨时，天上的云层明显没有负重感了，正在调整阵容，灰白灰白的，有的凝固，有的飘逸，好像在酝酿一个奇迹，抑或期盼一个灿烂生命的降临。果然，在浓与淡的结合处，渐渐露出被太阳照亮的云，旋即豁开一块湛蓝的天，山峰也不失时机地为我们展现出起伏错落的曲线。天光开了，阳光射下不规则射线，洒向一浪一浪的红叶、黄叶，顿时满眼五彩缤纷，把我的心弦拨动。这是树叶与大地用明媚挥手告别，预示它将调整心身，攒足力气好让明天更加辉煌。这里的静谧、美丽、纯粹，多让人爱恋啊。

难以想象，在城市喧嚣里有多少人被犹豫或者矛盾甚至困惑搅扰着，吸着污浊空气，吃着问题食品，从此楼到彼楼，从天花板到地板砖，从电灯到霓虹灯，冷落了春夏秋冬，淡漠了农耕节气，疏远了绿水青山，少见花红叶茂，失忆于雪雨霜冻，"明月松间照，清泉石上流"已经成了追不回的梦。

迭部寨是大熊猫活动区，也是白马人最后一个村寨。在那些被美丽覆盖的山头，都有一个说不完的故事，关于熊猫的，关于人的。

启舒拿着相机上后山拍红叶去了，我和金生走进村子。在生硬、倔强的路上走惯了，踩在布满黄色、红色树叶的黑土路上，软软地，柔柔地，让人有种说不出的舒适。

山寨的住户清一色木架房，黄土筑墙，还有一家房上没有盖瓦，只有椽子，楼下尚未装修，用木板挡着，我想起了古籍上氐人的住宅"无贵贱皆板屋土墙"的话，那无瓦的房，那一家一户用篱笆围起的小院，依然能捕捉到久违了的遗韵。

一处篱笆门开着，我们走了进去。三间正屋，侧面是厨房，大院坝，门对如画的山。金生说这是班富生的家，他已不止一次来过，一边走一边叫着："富生，富生在家吗？"富生从西头墙根走出来，举着两只沾满黄土的手，连说："张主席稀客，张主席稀客！"富生倒水，生火，金生不让，说："把你的新衣裳穿上，给你照相，我们来是还要补拍一些资料呢。"他带着一脸难为情，找来了一大堆衣服鞋袜，忙着脱旧换新，准备给启舒摆姿势。

我认识富生，20 世纪 80 年代初，饲养过一只小小的大熊猫，一时新闻记者、作家、画家不远千里来采访他，我和朝贵在《中国环境报》上亦报道过他的事迹。我一面看富生穿长袍扎绑腿，一面问家里情况，他说："两个娃都上大学了，平时只有他和女人两个。"他手一指说："今天，找了几个人扎墙脚，想再盖两间好点的住房，给娃们收拾个像样的起居。"我站在院坝里思绪起伏开来——这个古老民族正在崛起，一家两个大学生，白马人的腾飞指日可待！我怔了好一阵才想起问另一个问题："我听说没让你养熊猫了，你还老想不通，真的吗？"他说："不由人不爱啊，你想那么一点点，毛茸茸的，又乖又萌，从几斤重跟在屁股后到几十斤，能没感情吗？'文文'死时由不得人流了很多眼泪。"那边启舒催促，富生站起身来走过去，当年的朝气又被新衣给唤回来了，看着他英姿飒爽的身躯，我的心里美滋滋的。

班富生是白马人。

白马人是民族活化石。

第一次见班富生是他喂熊猫的时候，他坐一辆载满箭竹的皮卡车，

戴着一顶沙嘎帽，身穿白马人便装，腰系一根麻绳，背上插一把砍刀，我们的车在前，他坐的车紧跟于后。他专门给熊猫割竹子回来，我们是到大熊猫驯养场看望职工，刚巧碰上。我们前脚到场部，他随即也到了。他到大门口，来给我们打了个招呼就去兽舍了。

那时我还没有亲眼见过熊猫吃竹子，尤其是那只从野外救回的小崽子"文文"。"文文"就是班富生从雪地里救回的，当时还不到五千克。先是养在农户家，后到保护站，驯养场竣工后才迁入新居。

文文挺招人喜欢，人见人爱，甚至一些高官来了，都要与它合个影，以示不虚此行。

我们是它的守护者，它的精神状态，日常生活，都是工作范围。

我们去看文文。

文文的个子长高了，正在吃新鲜竹子，班富生忙里忙外，清扫卫生。见我们去了急忙放下手中的扫帚，腼腆地一笑，说文文很听话，已长到五十千克了，能做好多动作，还可以直立行走呢。于是他一手拿竹子，一只手召唤，果然站起来了，前爪子伸来，富生与它握了握，另一只爪子从富生手中抓过竹子就地一蹲开吃了，吃得津津有味。富生不厌其烦地逗着，再逗，它只是扬扬爪子，好像在说：别打搅，离我远点！再不搭理了。我当时心里就想，富生与熊猫之间虽然没有人类养育之恩的概念，起码在熊猫心里他是能呵护它的人，是食物供给者，是依靠者，该是无疑的。富生热爱熊猫，熊猫依赖富生，这也许就是众多家禽家畜从野生被驯化为人类工具的实验再现吧。没有看到文文更多有趣动作，虽然有些意犹未尽，但那种极具卡通画的造型、憨态十足的举止，以及同人之间的亲情关系直至今日每有此类话题都会在脑子里清晰地回应一番。

曾有白马人朋友告诉我，过去白马人只要是个男孩子，没有不会打猎的，要是进山打猎，豺狼虎豹任你打，花熊不能打，他们所说的花熊就是熊猫。

艺
文

二十世纪七八十年代，箭竹开花，缺食时，熊猫常常进村入户与家养的猪争食，赶都赶不走，没有人为此而伤及熊猫。

富生就是在他们后山的雪地里发现文文的。也许是文文走丢了，也许它的母亲遇到了特殊情况，富生守望了很长时间，都没有见到前来引领幼崽的母熊猫，小家伙太可爱了，时间长了肯定会有不测的，他决计抱回家，并立即报告保护站。在熊猫挨饿的日子里，由于是近邻，有众多白马人第一时间报告熊猫的异常活动，哪一次抢救行动都没有离开过白马人，有一张白马人抬着熊猫过河的照片还得过全国奖项，被多种书刊转载，白马人与大熊猫是友好邻居，这一点已被众多事实证明。

目前，在地球上，熊猫算是最古老的了，古老到了八九百万年以前，即使是现代熊猫也有四五十万年历史，因此，科学家们把它誉为动物活化石。《史记》就记载了，炎帝欲侵陵诸侯，诸侯咸归轩辕。轩辕乃修德整兵，治五气，艺五种，抚万民，度四方，教熊、罴、貔、貅、貙、虎，以与炎帝战于阪泉之野，三战，然后得其志。其中的貔就是今天的大熊猫。后来把勇士比做貔："书称勐士，如虎如貔。"也由此，古代军队的战旗上绣的就是貔貅，象征战无不胜。古代帝王视大熊猫为神兽，《尚书》就记载貔貅皮是给君王进贡的珍品。资料表明，更新世中晚期，是大熊猫发展的全盛时期，大熊猫巴氏亚种出现，广泛分布于我国西南、华北、华中、华南和西北十六个省市以及国外的越南和缅甸的北部，由于中国大多数地区进入农耕文明时间早，大熊猫领地逐渐缩小，迫使熊猫从食肉转而食竹，性情也相应温和起来，慢慢失去了猛兽地位。若干年后，人类开发进程加快，平原没了，丘陵没了，山峰也在退让，退让到了条块分割，互不相连，现在仅剩青藏高原东缘和秦岭山系的个别地域。可喜的是岷山山系摩天岭地区尚有一个不小的群落，仍在欢快地生活，其中的原因不外乎山大沟深，不利农耕，然后是与它为邻的是白马人。熊猫在这里经过无数次地理变迁、气候变迁，残存了下来，白马人经过无数次战争、无数次民族压迫，也在这个庇护所里隐匿了下来。

幸哉，岷山！幸哉，摩天岭！

民族学家、历史学家从二十世纪七十年代开始研究白马人的族源，认为，甘川两省接壤的平武、文县、南坪下塘地区居住的一部分藏族，是历史上称雄一时的氐人后裔，这些人亦不认为他们是藏族，说他们是白马人，这与《史记》"自冉駹以东北，君长以什数，白马最大，皆氐类也"是吻合的。随着研究一步步深入，是氐人的证据越来越充分，白马人成了学术界研究热点。

2013 年 12 月 10 日接连两天，中央电视台十频道播出纪录片《探秘东亚最古老的部族》，给我们传递了一个信息，一个重大的科学发现。这一科学研究成果是复旦大学现代人类学研究中心的专家完成的。2008 年，他们走入平武县白马藏族乡白马人的聚居区进行基因采集。回到上海检测分析后，惊讶地发现：采集到的 17 名白马人基因标本，全是 Y 染色体 100%D 型！这不仅说明白马人基因类型十分独特，更重要的是这种 D 型 Y 染色体代表着东亚大陆上最古老的遗传背景，意味着他们可能是东亚大陆上最古老的人群。汶川特大地震发生后，专家们把目光投向了和平武县相邻的甘肃省文县铁楼乡。经过对 217 例三代以内无外族通婚者的血液、70 多例口腔唾液检测分析，最终得出了让人惊叹的结论：所有白马人的基因检测结果均是 Y 染色体 100% 的 D 型！而 D 型 Y 染色体正是最早出现在东亚大陆上的基因类型，在白马人的基因未被发现之前，科学家们一直未能获得如此有代表性的 D 型人群。通过基因组的计算，大约在四万年到五万年之间。诚然，要证明他们是古氐人后裔，还有待氐人古墓葬的发现，从遗骨中提取 DNA 方能确定。

当然，这只是一项探索性的科研成果。其实亚洲、非洲、欧洲发现的人类化石，早者可到二三百万年前，大约一百万年前我国就有远

艺文

古人类繁衍生息。云南的元谋，陕西的蓝田，四五十万年前生活在我国的北京人还懂得了用火。那么距今约十万年的山顶洞人，两万年到四五万年的内蒙古呼伦池人、黑龙江雇乡人，都是我国本土生活的古人类。其间，旧石器、中石器、新石器之间的关系，夷和狄、狄和蛮，这些人类与古氏人的关系，与其他民族的关系，都是纷繁而复杂的。仍有大量工作要做，要有地下材料证明才能下最后的结论。

不过，我还是认为，复旦大学人类学研究中心的发现是有启示性的，起码我们可以根据逻辑推理，对《诗经》称："自彼氏羌，莫敢不来享，莫敢不来王。"将氏置于羌前的文字顺序的合理性。

文县是仇池五国最后一个氏人政权阴平国治地，随着阴平国退出历史舞台，这个曾统治过大半个中国的民族就从史籍中消失了，经过几十年众多学者的努力，基本理清了头绪，正在这时，复旦大学人类学研究中心的科学家们提供了白马人基因的科学依据，再一次为白马人研究拓展了新思路，提出了新课题。

白马人是研究古氏族的活化石。

大熊猫是研究古地理、古气候、古生物的活化石。

社会日新月异，白马人还会血统纯正吗？

人类万里对话，千里一日往还，大熊猫还会与人为邻吗？

这些话题，应该交给历史。

文县城

□ 曹忠文

一、沿革

自战国始，"九州"便成为古代中国的代称。根据《尚书·禹贡》的记载，"九州"即冀州、兖州、青州、徐州、扬州、荆州、豫州、梁州、雍州。文县，周属雍州之域，秦属梁州，为氐羌之地。西汉高帝六年（前201）置广汉郡，初治乘乡（今四川广汉），后徙治梓潼。文县隶属广汉郡管理。元鼎六年（前111），汉武帝开拓西南境，遣中郎将郭昌等攻灭氐王，开始在氐人聚居之地设置郡县（道）。据《汉书·地理志》的记载，共设置有三郡十三道，即武都郡之武都道、上禄道、故道、河池道、平乐道、沮道、嘉陵道、循成道、下辨道，广汉郡之甸氐道、刚氐道、阴平道，蜀郡之湔氐道。《太平御览·周郡部·卷十三》文州条："《十道志》曰：文州，阴平郡。〈禹贡〉梁州之域。周为雍州之境。战国时氐羌据焉。汉武时开西南夷，置阴平道以统其众。"东汉安帝永初二年（108），以广汉北部为广汉属国，设都尉，治阴平，辖阴平、甸氐（今九寨沟县）、刚氐（今平武县）三道。广汉属国治所在今文县城西五里，今鹄衣坝村。东汉献帝建安二十年（215），曹操平定汉中，设置阴平郡。西晋初，撤销阴平郡，晋武帝泰始五年（269）复置。晋怀帝永嘉六年（312），阴平都尉董冲与郡人毛深、左腾逐太守王鉴，王鉴率众投降成汉。可见西晋时，阴平郡治亦在今文县城西五里的说法，应该是比较可靠的。晋人南渡之后，阴平被氐人杨茂搜

237

建立的割据政权仇池国占据。仇池国亡，氐人杨氏先后在葭芦（今文县临江镇）建立武都国、阴平国。西魏废帝废阴平国（553），始置文州。北周明帝二年（558），以葭芦郡置文州。隋炀帝大业三年（607）废州复郡，今文县境内长松、曲水、正西三县改属武都郡。唐高祖武德（618—626）初，复置文州，移治曲水（今文县城关镇西园村）。唐德宗建中三年（782），移州城于麻关桥谷口高原上，即今文县城区"上城"，又称文台。南宋理宗端平三年（1236），蒙古太子阔端伐蜀，自成都还攻文州，文州城毁于战火。元至元九年（1272），复置文州，州城改建于今文县城区所城。明太祖洪武四年（1371），降州设县，文州始称文县。明成化六年（1470），文县新建县城于麻关桥东，即今文县城区"县城"。明万历六年（1578），在文县城区北关新建外城。

今文县城从唐初建城始，至今已有1400多年的历史。1980年之后，文县古城面貌逐渐不复存在，留下的只是越来越模糊的记忆。

二、城池

根据清康熙四十一年江景瑞主修《文县志》记载，唐德宗建中三年，由于西园土地平坦，地势狭小，易攻难守，文县城址移建于白水江以北东四里高原上。元改建于东一里，西依高原，南临白水江，东距麻关桥，北通北关厢，周围三里三分。明改为千户所公署，建安定、镇羌、文兴、武胜四门，因此称"所城"。明成化六年，重建县城于麻关桥东，与旧城相望，建望京、通川二门。明万历三年（1575），因新建县城城墙低矮狭窄又增高增厚，周围一里三分（长赟《文县志》记载为二里二分）。明万历戊子年（1588），知县杨伟开南门为文明门，从诸生请，通文风也，是科得隽（科举考中）者一人。万历壬子年（1612），守备李希赐申请，改旧城（所城）西门于西街迤南，改东门稍东北向，亦从诸生请，疏文运也，是科得隽者三人。北关故无城，万历六年（1578），守备孟孝臣建外城一道，长一里三分，北门一座，曰御保门。三城联属雉堞相望，屹然一雄镇也。根据清光绪二年长赟编纂《文县志》记载，明末北关城毁于寇，清顺治十四年（1657）重修，复废。清乾隆十三年（1748）县城城墙毁坏，知县曹恒吉动公款督修雉堞城楼，焕然改观。清道光年间，白水江泛涨，冲陷南城，风脉顿襄。清咸丰十一年（1861），白马番变，知县淡树璜于南面筑长墙堵御，复被水冲没，居民荡析，悉有池鱼之叹。

　　根据以上史料，我们可以清楚了解文县城先后建城池五座。唐德宗年间，由曲水迁"上城"，至元初废弃。元至元九年（1272），始建"所城"。成化六年（1470），始建"县城"，万历三年（1575），对"县城"城墙进行了增高加厚。万历六年（1578），在北关新建"外城"。明末（崇祯七年，1634）四月，李自成义军攻克文县，北关城毁于战火，顺治十四年（1657）重建，复废。此三城即今文县主城区。"所城"安定、镇羌、文兴、武胜四门，根据长赟《文县志》记载，所城北有文兴坊、所城南有武胜坊，推测文兴门即所城北门，武胜门即所城南门。县城西多聚"文番"，建镇羌寨，推测镇羌门即所城西门，安定门即所城东门。"县城"望京、通川二门，根据长赟《文县志》记载，通川坊在旧城中街，推测通川门即"县城"西门，望京门即"县城"东门。"县城"南门即文明门，清道光年间遭水毁。外城保御门。以上"八门"，文兴门在今所城北门口，武胜门在今电信局门口，镇羌门在今所城西街，安定门在今所城城关电力所门口，通川门在今城关二小门口，望京门在今武装部门口，文明门疑在今江南街，保御门在今所城北关面粉厂门口。我少时，安定、通川二门及"上城""所城""县城"部分城墙仍存。城门为砖砌，城墙为夯土，几乎全部被单位、居民用于建房。

艺文

三、守御千户所

卫所制度为明朝的主要军事制度，体现了一种寓兵于农、守屯结合的建军思路。明自京城达于郡县，皆设立卫、所。卫、所属各省都指挥使司管辖，各省的都指挥使司又由中央的五军都督府分片管辖。一般 5600 人为一卫，一卫设左、右、中、前、后 5 个千户所，各 1120 人。千户所之下又设百户所，百户所之下又设总旗、小旗。

明洪武六年（1373）设守御千户所，隶陕西行都司。洪武十五年（1382），改隶秦州卫。洪武二十三年（1390），裁县归所，省入阶州。洪武二十八年（1395），设置文县军民守御千户所。根据明嘉靖二十六年（1547）张雨著《边政考》的记载，文县守御千户所管辖地域东至青川千户所界二百里，西至古扶州（今九寨沟县）羌界二百里，南至生番五十里，北至阶州界一百五十里。管辖关寨堡二十二处，即临江关、临江堡、玉垒关、梨树堡、新关堡、哈南寨、东屯寨、松平寨、大黑堡、镇羌寨、旧关堡、柳原堡、铁炉寨、烟雾寨、石鸡屯寨、竹园堡、阴平寨、阳汤寨、楼舍堡、阳汤屯寨、九原寨、九原堡。管辖隘口四处，即草坡墩、尖嘴墩、毛工墩、哈西墩。墩二十有七，墙无。千户所有总巡官千户三名（一巡南路，一巡北路，一巡中路），防守官十一名（一驻阴平，一驻梨树，一驻松平，一驻大黑，一驻镇羌，一驻哈南，一驻铁炉，一驻阳汤，一驻楼舍，一驻九原）。官军原额马步二千四百八十一名，除过逃跑的，见在各寨堡九百三十二名，冬操馀丁七百八十九名，轮班见操屯种旗军二百五十名，留城二百七十名。马原额见在一百五十四。民运原额粮银二千一百两，本所额班屯粮四千六百六十四石，草六千九百九十六束，新增屯粮五百一十一石五升，屯草六百一十一束。布一千五百八十六匹，棉花一千三百二十二斤。阴平寨，防守官军七十三名，马一匹，粮草无。梨树堡，防守军官八十七名，马一匹，粮草无。镇羌堡，防守军官八十七名，马一匹，粮草无。松平寨，防守军官八十四名，马一匹，粮草无。大黑堡，防守军官一百四十名，马一匹，粮草无。哈南寨，防守军官一百一十七名，马一匹，粮草无。铁炉寨，防守军官一百六十六名，马一匹，粮草无。阳汤寨，防守军官四十四名，马一匹，粮草无。楼舍堡，防守军官四十四名，马一匹，粮草无。九原寨，防守军官八十二名，马一匹，粮草无。新关堡，防守旗军七名，粮草马匹无。旧关堡，防守旗军一十七名，粮草马匹无。

清顺治十六年（1659），裁守御千户所归县。

又：明嘉靖二十四年（1545），文县设守备一员，原额步兵 150 名。守备为明清时镇守城市的武官。守备之下设千总、把总。清康熙十三年（1674），添设千总一员，把总二员。清雍正十一年（1733），改设都司一员，裁守备。清乾隆八年（1743），裁把总一员。乾隆四十七年（1782），裁千总一员。至光绪初，实有马兵 26 名，原额步兵 79 名。

四、建筑

明成化六年（1470），新建"县城"，"县城"属守令，所城属守御。丁粮不同，地方各别。

（一）县衙

县衙建于"县城"正中。县衙中间为"牧爱堂"，后面为"退亭"，东为内宅，西为"园楼"。明万历戊申年（1608）知县张有德建堂（县堂），左为赞政亭，右为库，东西为六曹、架阁（档案管理）等机构用房。县衙大堂前建有头门、仪门（县衙第二道大门）。仪门内向东为典史衙（掌管缉捕、监狱），西为监仪门。县衙外左为土地祠，前即迎宾馆，右为预备仓。明崇祯七年（1634），县衙被李自成义军焚毁。崇祯丁丑年（1637），知县张佩玉重建县衙。清顺治丁酉年（1657），知县刘霈仍在南城门上建谯楼，匾曰"声教四达"。外坊门一座，匾曰"古文州"。后在清乾隆、嘉庆、道光、同治年间，又多次修缮县衙。根据江景瑞《文县志》记载，县治皆绅士所居，清康熙十三年（1674），吴三桂部占据文县，"县城"居民流隐乡村，以致半城荒芜。经过二十多年，依然寂若无人，城市若山林。

（二）千户所衙

在守备衙右，明孝宗弘治年间，千户高节建正堂三间，匾曰"公勤"，明崇祯七年（1634）被李自成义军焚毁。明崇祯十五年（1642）千户张士翼复建。东为幕厅，西为库，东西为六曹，南为议门，西为监大门，上有谯楼。清乾隆六年（1741），都司王应聘修东西六曹。清乾隆十三年（1748），都司海受在堂右建库房。乾隆十五年（1750），都司赵景重修马神庙三间。

（三）守备衙

在旧城（所城）正中。明嘉靖二十八年（1549），守备张济建正堂三间，左右厢房各一间，堂三间。明崇祯壬午年（1642），守备宋锦重修右筹边亭三间，左右文书房各三间，议门一座，东西角门各一座，大门三间。清顺治丁亥年（1647），守备衙改移于千户所。

（四）都司衙

雍正十一年（1733），裁守备，设都司。都司衙即守备衙。守备衙迁移至千户所衙后，原旧城正中守备衙为都司射圃。

（五）把总衙

在所城南门内十字街。

（六）神机库

在旧城西坡。

（七）公署

其中察院在旧城北街，府厅在旧城西门外，番厂在旧城北关厢外。公署相当于今天的政府招待所。由于文县道路崎岖，上司罕有至者，所以疏于管理，断壁颓垣，近于荒芜。

（八）学宫

原址在旧城西南隅。明洪武十四年（1381）知县王圭重建。明洪武二十三年（1390）废。明成化六年（1470）分县，明孝宗弘治三年（1490），千户高节改建于"县城"东。明嘉靖三年（1524）扩建文庙，中为大成殿，东西为两庑，前为戟门，左为魁星楼、文昌阁和名宦祠，右为乡贤祠，祠前为礼门，直达明伦堂。文庙直到明万历丁酉年（1597）知县范文彦任上才建成。文庙东为兴文书院，清道光十二年（1832）知县李闲移建于上城文王庙。

（九）文昌宫

清长赟《文县志》记载，清康熙己酉年（1669）知县邹楷将文昌阁改建于东门外将台上，但据文县文化馆馆长罗愚频考证，应为清康熙三十一年（1692）知县邹楷始将文昌阁改建于东门外将台上，前院为文昌阁，后院为关帝庙（武庙），合称文昌宫，2008年"汶川"地震时被毁。

（十）文昌楼

又名魁星楼，明崇祯七年（1634）被焚毁，明崇祯壬午年（1642）重建。原在"县城"东南城头，清道光年间因南城冲毁，移建于旧城上（所城东南角城头），今存，为省级重点文保单位。1987年修葺一新。

（十一）忠节祠

明嘉靖三年（1524）建，在旧城中。明万历辛卯年（1591）改为民居，移建于社学。明万历戊申年（1608），又移建于文王庙二门外之右。

明崇祯年间焚毁，清康熙年间，知县江景瑞移祀于名宦祠。

五、庙宇

文县，古为氐羌之地。南北朝时期，氐人推崇佛教，推进了佛教在中国的传播。明清时，佛教在文县的传播达到鼎盛。道教在文县的传播不详。东汉末，曹操平定汉中，迁汉中张鲁所属賨人于略阳（今天水市秦安县）。汉中賨人全部信奉张鲁的天师道，而略阳是氐人聚居之地，氐人因此受天师道影响的可能性极大。晋惠帝元康六年（296），氐人齐万年反，关西扰乱，李特随流人入蜀，从而在益州掀起暴动。陈寅恪先生认为，自李虎至李特三代是天师道世家，李特起兵也是天师道的一次起兵。南北朝时期，道家楼观派又兴起于关陇地区。

（一）寺

北禅寺，在玉虚山麓。

慈恩寺，在麻关桥西北。

圣寿寺，在旧城文兴坊，后迁察院，更名小西天。

南海寺，在旧城南门外阴平桥头高崖上。

（二）观

真武殿，在县北玉虚山顶。根据长赟《文县志》记载，玉虚山在县西北一里，山势如丫髻，极上为真武殿，以下梵宇层叠，每届上元，自山脚燃灯至顶，如火龙照耀两城。真武殿供奉的是道教的真武大帝，为北方之神。真武殿又称玄帝庙，清康熙年间，因避讳称元帝庙。

玉皇观，在旧城北街，明洪武三年建。

（三）祠

文王庙，古建于旧治（上城）后台上。宋代移建于所城南门西。明正德时，知县黄潇重建于上城羑里山前。清道光十二年，知县李闲移建于文庙之左前兴文书院后缉熙堂。

城隍庙，旧城隍庙，在旧城南街。明嘉靖十五年（1536），知县张文标又建城隍庙于"县城"东门外，明崇祯年间改建于东门内。

关帝庙（武庙），一在旧城南门外，为春秋祀坛；一在将台；一在旧城北郊，根据江景瑞《文县志》记载，由于番厂荒废，改为关帝庙。

龙王庙，在旧城北关外。东狱庙。在旧城南街。

慈霈庙，在旧城南门内，宋代时建。根据长赟《文县志》收录《重修慈霈庙记》一文的记载，"文州慈霈庙，占龙女山之上""此庙重修于绍兴丙子年（南宋高宗绍兴二十六年，1156）"，可见慈霈庙是移建于旧城南门内。

土主庙，在旧城北街。

六、风俗

文县位于陇蜀交界之处。明洪武年间，中原地区和南京等地居民迁移至今文县城关、石坊、石鸡坝、中寨等乡镇开荒屯田。清康熙年间，湖南、湖北、广东等地向四川大规模移民，文县碧口当时为西北地区货运入川唯一的水运码头，川人为讨生活来到碧口，因此当地至今流传着"湖广填四川，四川填碧口"的说法。江景瑞《文县志》说文县"土风半杂羌氐，兼同秦陇"。长赟《文县志》说"文地奇秀，人多聪颖，衣服洁净，居嗜草卉，家营纺织，颇有蜀风"。

（一）家风

根据江景瑞、长赟《文县志》的记载，文之男妇，力田躬织，节用谨身。士尚礼法，习诗书，而武弁之家，亦尚儒术。市井子弟，莫不就师。可见文县当地居民耕读传家的风气十分浓厚。

艺文

（二）节俗

元宵节，从正月十三至正月十七，所县两城居民皆搭松棚，挂灯笼。县城灯月交辉，夜如白昼。游人杂沓，笙歌沸腾，彩船、狮灯、龙灯诸戏，至夜阑方止。居民以桂花蜜泡水供客，谓之桂花茶。端午节，居民携带餐饮器具，渡清水江，游南崖寺、盘溪洞、遇仙桥等处。十一月晦日，两城居民各点火把至玉虚山顶，谓之迎火把。之后在八坊空阔处，集薪焚之。"坊"即街道里巷，为居民生活区域。今"县城"有四坊，即文明坊（在县城内）、承流坊（在县城外）、迎恩坊（在县城西北）、宣化坊（在县城西南），今"所城"有两坊，即通川坊（在旧城中街）、文兴坊（在旧城北街），"所城"外有两坊，即武胜坊（在申家坡）、布政坊（在小溪坝、大渡坝）。县城居民迎火把的习俗，当为氐羌遗风。

（三）婚俗

清康熙年间，婚姻不论钱财，到了光绪年间，已颇为奢华。寡妇不再嫁，招后夫至家，谓之上门。

（四）葬俗

丧葬不事浮屠。丧礼成服后，停枢在家，数年不葬。少年病殁者，惑于阴阳之说，则停棺野外。

（五）巫俗

信好鬼神，遇疾祈祷，多延巫觋，乡村尤甚。

文县城，是我出生、成长的地方。近数十年来，古老的城区面貌已经发生了巨大的变化，虽然通过史料记载，能够了解其过往大概，却仍然不能比较准确地描述明末以来其四百年饱受的风雨沧桑。所述文字难免错讹，这也是我能力和水平不足所致。

阴平古栈道　班保林/摄

文县刘家坪乡深沟清凉寺壁画　班保林/摄

文县非遗

何谓白马

文县堡子坝镇喇嘛湾摩崖石刻　班保林/摄

POSTSCRIPT

我不敢称这是一本书，但又找不到更为恰当的表述。

既然出版了，还是希望能有一定的可读性和思想性，不至于像非遗资料那样庞杂乏味，可以引起普通读者的一点兴趣。

我大学专业是汉语言文学，却偏爱历史，近几年接触到非遗工作，感觉过去学习的知识对我还是有所帮助，成全了我在退休之前，与几十年抄抄写写的生活方式告别的愿望。

这几年，我在不断地自我否定状态下，探寻文县白马民俗文化的渊源和变迁，妄想在历史遗忘的某一个角落，找到打开神秘之门的钥匙。

历史和文化，碰撞和交融，是这本小书的着眼点，也是主旨所在。这是一册关于文县非遗的读本，也可权作地方史志研究的读本看待。书中收录了几篇考证文章和艺文，目的是帮助读者多视角感受文县的历史变迁和非物质文化遗产。

非常感谢国内诸多学者和当地文史专家多年研究的成果，为我们提供了丰富的可以利用的资料，这不是我一个人，也不是我们几个人的成果，而是属于大家的。

我没有动辄几十万字的能力，短短几万字，似乎都是一件难以承受的事情。但好歹是完成了一件工作，惶恐之心无以言表。

最后，特别感谢兰州文理学院徐凤教授和西南民族大学吴倩颖博士为书作序。

完稿之际，谨代表全体编著人员赘述几句。

由于时间仓促，个人关注点不同，其中不足和错讹之处，恳请批评指正。

曹忠文

2024 年 10 月